中/华/少/年/信/仰/教/育

U0589232

悟 语 箴 言

郑卫国 / 编

信仰创造英雄　信仰照亮人生

世界图书出版公司

图书在版编目（CIP）数据

悟语箴言 / 郑卫国编. — 北京：世界图书出版公司，2016.3

ISBN 978-7-5192-0793-9

Ⅰ．①悟⋯ Ⅱ．①郑⋯ Ⅲ．①箴言－汇编－世界 Ⅳ．①H033

中国版本图书馆 CIP 数据核字（2016）第 036378 号

悟语箴言

编　　者：	郑卫国
总 策 划：	吴　迪
责任编辑：	张劲松
版式设计：	杨丽杰

出 版 人：	吴　迪
出　　版：	世界图书出版公司
发　　行：	世界图书出版公司长春有限公司
	（吉林省长春市春城大街 789 号 邮编：130062 电话：0431－86805551）
销　　售：	各地新华书店
印　　刷：	北京一鑫印务有限责任公司

幅面尺寸：	165mm×230mm
印　　张：	18.5
字　　数：	241（千字）
版　　次：	2016 年 8 月第 1 版
印　　次：	2017 年 6 月第 2 次印刷

营销咨询：0431－86805551　86805559　13894825720

编辑咨询：0431－86805562

读者咨询：DBSJ@163.com

ISBN 978-7-5192-0793-9　　　　　　　定价：38.00 元

序　言

信仰是什么？

列夫·托尔斯泰说："信仰是人生的动力。"

诗人惠特曼说："没有信仰，则没有名副其实的品行和生命；没有信仰，则没有名副其实的国土。"

信仰主要是指人们对某种理论、学说、主义或宗教的极度尊崇和信服，并把它作为自己的精神寄托和行动的榜样或指南。信仰在心理上表现为对某种事物或目标的向往、仰慕和追求，在行为上表现为在这种精神力量的支配下去解释、改造自然界和人类社会。

信仰，是一个人在任何时候都不能丢的最宝贵的精神力量。人有信仰，才会有希望、有力量，才会树立正确的价值观，沿着正确的道路前行，而不至于在多元的价值观和纷繁复杂的世界中迷失方向。

信仰一旦形成，会对人类和社会产生长期的影响。青少年是社会的希望和未来的建设者，让他们从普适意识形成之初就接受良好的信仰教育，可以令信仰更具持久性和深刻性，可以使他们在未来立足于社会而不败，亦可以使我们的伟大祖国永远立于世界民族之林。

事实上，信仰教育绝不是抽象的、概念化的教育，现实生活中，我们有无数可以借鉴的素材，它们是具体的、形象的、有形的、活生生的，甚至是有血有肉的。我们中华民族有着几千年的辉煌历史，多少仁人志士只为追求真理、捍卫真理，赴汤蹈火，前仆后继；多少文人骚客只为争取心中的一方净土，只为渴求心灵的自由逍遥，甘于寂寞，成就美名；多少爱国志士只为一个"义"字，不惜抛头颅、洒热血。他们如滚滚长江中的朵朵浪花，翻滚激荡，生生不息，荡人心魄。如果我们能继承和发扬这些精神和信仰，用"道"约束自己的行为，用"德"指导人生的方向，那么我们的文明必将更加灿烂，我们的国运必将更加昌盛。

正基于此，"中华少年信仰教育读本系列丛书"应运而生。除上述内容外，本丛书还收录了中国人民百年来反对外来侵略和压迫，反抗腐朽统治，争取民族独立和解放，前赴后继，浴血奋斗的精神和业绩，尤其是中国共产党领导全国人民为建立新中国而英勇奋斗的崇高精神和光辉业绩；不仅有中国历史上涌现出的著名爱国者、民族英雄、革命先烈和杰出人物，还有新中国成立以后涌现出的许许多多的英雄模范人物。阅读这套丛书，能帮助青少年树立自己人生的良好的偶像观，能帮助青少年从小立下伟大的志向，能帮助青少年培养最基本的向善心，能帮助青少年自觉调节自己的行为，能帮助青少年锁定努力的方向，能帮助青少年增加行动的信心和勇气。

习近平总书记说："人民有信仰，民族才有希望，国家才有力量。"因此我们有理由相信：少年有信仰，国家必有希望。

中华少年信仰教育读本编写委员会

前　言

　　常读悟语箴言者可慧，能做谨学慎独者可贵，坚持切身践行者可敬。

　　以悟语箴言为绳，真诚为人处世；以悟语箴言为镜，慎言立德修为。

　　古今汉语辞书均对"悟语"和"箴言"各有清晰明确的解释。如"悟语"中的"悟"，《说文解字》曰："悟，觉也。"悟作为动词，即启发人理解、领会、觉醒、领悟、感悟或觉悟等；作为名词，即人有悟性、悟彻之意。"悟"和"语"合成双音节词组——"悟语"，其基本含义和作用就是能启发人觉醒、觉悟、领悟、感悟或产生悟性、悟彻的语言或语句。

　　箴言，名词，规谏劝诫（告诫）之言，即规劝的话，类似于座右铭。

　　箴言有其特别的历史渊源，《尚书·商书·盘庚上》有："相时憸民，犹胥顾于箴言。"著名音韵学家曾运乾所著《尚书正读》中说："箴言，箴谏之言也。""箴"还是一种文体，著名国学家来裕恂先生在所著《汉文典》中曾说："惟箴之本义，引申古今治乱兴衰之迹，反复警诫，使读者惕然于心，默知自鉴，斯乃正体。"

箴又分官箴与私箴。官箴是对为政者的一种警诫，示以为官者的做人、立德和行权之道，多用讽刺的手法以预防和挽救过失。这些官箴或口谏，或著文，或以匾联形式书之厅堂。历代衙署的匾联或匾额，更是一种常见的官箴。如：大堂公案背后悬挂的"明镜高悬"匾额，就为官箴。私箴则多用以警诫个人言行修为，如唐代韩愈的《五箴》、宋代程颐的《程子四箴》等均属此类，实为人生座右铭。

国外亦极重视悟语箴言的收集和整理。《圣经·旧约》中记载，以色列最有智慧的所罗门王，曾写下箴言三千句。在《诗歌智慧书》中也特编一卷《箴言》，并称为充满最高智慧的语录集。其开篇就表明编撰目的："箴言就是要使人晓得智慧和训诲，分辨通达的言语；使人处世领受智慧、仁义、公平、正直的训诲；使愚人灵明并使少年具有知识和谋略。"

此书还特别明确箴言的五个价值：一是认识智慧和训诲，明白其深奥的含义。二是教导人们怎样过明智的生活，怎样做诚实、公正、正直的人。三是使无知的人精明，教导年轻人处世有方。四是使有才智的人增长学问，使明达的人获得开导。五是要明白箴言中隐喻的深刻含义，以及智者所提出的问题。

悟语箴言的教育作用。悟语箴言不仅能总结人生之经验，汇聚人生之规律，更能提炼人生之精华。作为人生行为规范的座右铭，其千百年来一直通行于全世界，教育所有人。悟语箴言还由于语言形式上的简洁精练，与名言、警句、格言等有着紧密的关系，它们都以觉醒、感悟、规谏、劝解与激励人的正面启迪教诲为主，并为大众所接受。很多箴言出自古代书面文献，经引用后更得到广泛流传，至今仍具有不可忽视的觉悟、劝诫、训诲、警示作用和积极向上的教育意义。

出版本书的目的。编者利用数十年学习工作之余，始终坚持随时收集、认真摘抄，反复核查、精心筛选，归纳整理八编，总计4000多条悟语箴言，编成本书。真诚希望本书的读者朋友，对古今中外先贤哲人之悟语箴言，能读而思之，闻而悟之，悟而行之；能以古今贤达、仁人志士和为民立政之清官为镜，谨学慎独、立德修身，严于律己、深明得失，常正衣冠、多知兴替，常醒己过、奉公守法、爱国为民、敬业奉献；能为我中华优秀文化发扬光大、国民理想信仰正确树立和社会道德风气良性好转，更为早日实现强国富民的中国梦，贡献自身一份光热。

编者

目　录

知之为知之，不知为不知，是知也。

——（春秋）孔子

学然后知不足，教然后知困。知不足，然后能自反也；知困，然后能自强也。

——（春秋）孔子

逝者如斯夫，不舍昼夜。

——（春秋）孔子

人生天地之间，若白驹过隙，忽然而已。

——（战国）庄子

不积跬步，无以至千里；不积小流，无以成江海。

——（战国）荀子

青，取之于蓝，而青于蓝；冰，水为之，而寒于水。

——（战国）荀子

少而好学，如日出之阳；壮而好学，如日中之光；老而好学，如炳烛之明。

——（汉）刘向

人生在勤，不索何获。

——（汉）张衡

夫学须志也，才须学也，非学无以广才，非志无以成学。

——（三国）诸葛亮

天地无终极，人命若朝霞。

——（三国）曹植

盛年不重来，一日难再晨。

——（晋）陶渊明

人生天地间，忽如远行客。

——《古诗十九首》

青青园中葵，朝露待日晞。阳春布德泽，万物生光辉。常恐秋节至，焜黄华叶衰。百川到东海，何日复西归？少壮不努力，老大徒伤悲。

——《汉乐府·长歌行》

勤学如春起之苗，不见其，增日有所长。辍学如磨刀之石，不见其损，日有所亏。

——（晋）陶渊明

宇宙一何愁，人生少至百。岁月相催逼，鬓也早已白。

——（晋）陶渊明

一生复能几，倏如流电惊。

——（晋）陶渊明

三万六千日，夜夜当秉烛。白日何短短，百年若易海。

——（唐）李白

业精于勤，荒于嬉。行成于思，毁于随。　　　　——（唐）韩愈

三更灯火五更鸡，正是男儿读书时；黑发不知勤学早，白首方悔读书迟。　　　　　　　　　　　　　　　　　　——（唐）颜真卿

白日莫闲过，青春不再来。　　　　　　　　　　——（唐）林宽

少年易老学难成，一寸光阴不可轻。未觉池塘春草梦，阶前梧叶已秋声。　　　　　　　　　　　　　　　　　　　——（宋）朱熹

学问勤中得，萤窗万卷书。三冬今足用，谁笑腹空虚？
　　　　　　　　　　　　　　　　　　　　　——（宋）汪洙

莫等闲，白了少年头，空悲切。　　　　　　　——（宋）岳飞

为人第一谦虚好，学问茫茫无尽期。　　　　——（明）冯梦龙

书到用时方恨少，事非经过不知难。　　　　　——（宋）陆游

读书须用意，一字值千金。　　　　　　　　——《增广贤文》

黑发不知勤学早，转眼便是白头翁。　　　　——《增广贤文》

不奋苦而求速效，只落得少日浮夸，老来窘隘而已。
　　　　　　　　　　　　　　　　　　　——（清）郑板桥

没有人会感觉到，青春正在消逝；但任何人都会感觉到，青春已经消逝。　　　　　　　　　　　　　　　　——（古罗马）塞涅卡

书籍是全世界的营养品，生活里没有书籍，就好像大地没有阳光；智慧里没有书籍，就好像鸟儿没有翅膀。

——（英）莎士比亚

才能不是天生的，可以任其自便的，而是要钻研艺术，请教良师，才会成才。

——（德）歌德

别虚掷你的一寸光阴，别去听无聊的话，别试图补救无望的过失，别在愚昧、平庸和猥琐的事情上消磨你的生命，这些东西都是我们这个时代病态的目标和虚假的理想。生活吧！过属于你的奇妙的生活！点滴都别浪费。

——（英）王尔德

精诚所至，金石为开。

——（汉）王充

世间万物有盛衰，人生安得常少年。

——（明）于谦

明日复明日，明日何其多。

——（清）钱鹤滩

盛时常做衰时想，上场当念下场时。

——（清）曾国藩

你热爱生命吗？那么别浪费时间，因为时间是组成生命的材料。

——（美）富兰克林

书籍是人类进步的阶梯。

——（苏联）高尔基

书就是社会，一本好书就是一个好的世界，好的社会。它能陶冶人的感情和气质，使人高尚。

——（俄）皮罗果夫

世界上真不知有多少能够建功立业的人，却因为把难得的时间轻轻放过而致默默无闻。

——（法）莫泊桑

必须记住我们学习的时间是有限的。时间有限，不只是由于人生短促，更由于人事纷繁。
——（英）斯宾塞

一个人大半生的时间都在清除少年时代种在脑子里的观念，这个过程叫做取得经验。
——（法）巴尔扎克

人生苦短，若虚度年华，则短暂的人生就太长了。
——（英）莎士比亚

时间能使隐匿的东西显露，也能使灿烂夺目的东西黯然无光。
——（古罗马）贺拉斯

狡黠者鄙读书，无知者羡读书，唯明智之士用读书。
——（英）培根

节省时间，也就是使一个人的有限的生命更加有效，而也即等于延长了人的生命。
——鲁迅

我不是在写书，而是在积累财富。
——（英）丘吉尔

读一本好书，就是和许多高尚的人谈话。
——（德）歌德

读书足以怡情，足以博彩，足以长才。其怡情也，最见于独处幽居之时；其博彩也，最见于高谈阔论之中；其长才也，最见于处世判事之际。
——（英）培根

离你越近的地方，路途越远；最简单的音调，需要最艰苦的练习。
——（印度）泰戈尔

无论哪一行，都需要职业的技能。天才总应该伴随着那种导向一个目标的、有头脑的、不间断的练习，没有这一点，甚至连最幸运的才能，也会无影无踪地消失。

——（法）德拉克罗瓦

写作的人像画家不应该停止画笔一样，也是不应该停止笔头的。随便他写什么，必须每天写，要紧的是叫手学会完全服从思想。

——（俄）果戈理

我的箴言始终是：无日不动笔；如果我有时让艺术之神瞌睡，也只为要使它醒后更兴奋。

——（德）贝多芬

对作家来说，写得少是这样的有害，就跟医生缺乏诊病的机会一样。

——（古希腊）苏格拉底

有人问：写一首好诗，是靠天才呢？还是靠艺术？我的看法是：苦学而没有丰富的天才，有天才而没有训练，都归无用；两者应该相互为用，相互结合。

——（古希腊）亚里士多德

书籍一面启示我的智慧和心灵，一面帮着我在一片烂泥塘里站了起来。书籍鼓舞了我的智慧和心灵，它帮助我从腐臭的泥潭中脱身出来。如果不是书籍的话，如果没有它们，我就会溺死在那里面，会被愚笨和鄙陋的东西呛住。

——（苏联）高尔基

书读得越多而不假思索，你就会觉得你知道的很多；但当你读书而思考越多的时候，你就会清楚地看到，你知道的很少。

——（法）伏尔泰

读书，这个我们习以为常的平凡过程，实际上是人们心灵和上下古今一切民族的伟大智慧相结合的过程。

——（苏联）高尔基

懒鬼起来吧，别再浪费时间，将来在坟墓里有足够时间让你睡的。

——（美）富兰克林

任何时候我也不会满足，越是多读书，就越是深刻地感到不满足，越感到自己知识贫乏。 ——（德）马克思

构成我们学习的最大障碍是已知的东西，而不是未知的东西。

——（英）贝尔纳

时光会使最亮的刀生锈，岁月会折断最强的弓弩。

——（英）司各特

读书给人以乐趣，给人以光彩，给人以才干。

——（英）培根

立身以立学为先，立学以读书为本。 ——（宋）欧阳修

不要放过零碎的时间，我从来不认为半小时是微不足道的一段时间，完成工作的方法，是珍惜每一分钟。 ——（英）达尔文

合理安排时间，就等于节约时间。 ——（英）培根

书籍是在时代的波涛中航行的思想之船，它小心翼翼地把珍贵的货物运送给一代又一代。 ——（英）培根

书籍便是这种改造灵魂的工具。人类所需要的，是富有启发性的养料。而阅读，则正是这种养料。 ——（法）雨果

三人行，必有吾师。 ——（春秋）孔子

善学者，假人之长以补其短。　　　　　——（战国）吕不韦

善学者尽其理，善行者究其难。　　　　　——（战国）荀子

老骥伏枥，志在千里，烈士暮年，壮心不已。

　　　　　　　　　　　　　　　　　　——（汉）曹操

学者，贵能博闻也。　　　　　——（南北朝）颜之推

学者贵于行之，而不贵于知之。　　　　　——（宋）司马光

学者必求师，从师不可不谨也。　　　　　——（宋）程颐

虚心顺理，学者当守此四字。　　　　　——（宋）朱熹

当竞争和敌视同你比邻而居时，谨慎就会茁壮成长。

　　　　　　　　　　　　　　　　——（西班牙）格拉西安

智者不只发现机会，更要创造机会。　　　　　——（英）培根

前往伟大的巅峰之路，必定崎岖。　　　　——（古罗马）赛尼嘉

愈是睿智的人，愈有宽广的胸襟。　　　　——（法）斯达尔夫人

智者从他的敌人那儿学到知识。　　——（古希腊）阿里斯托芬

未来是用现在换来的。　　　　——（英）塞缪尔·约翰逊

重要的不是知识的数量，而是知识的质量；有些人知道的很多，但

却不知道最有用的东西。   ——（俄）列夫·托尔斯泰

从来没有人为了读书而读书，只是在书中读自己，在书中发现自己或检查自己。   ——（法）罗曼·罗兰

经验丰富的人读书用两只眼睛，一只眼睛看到纸面上的话，另一只眼睛看到纸的背面。   ——（德）歌德

人类思想上的麻烦皆来自于概念的表达及概念无法准确的表达。
                                        ——（英）维特根斯坦

一点耐心，抵得上一箩筐聪明才智。   ——荷兰箴言

杯子越满，你越要端得稳。   ——英国箴言

辩论时，言辞要柔和，论证要有力。   ——英国箴言

最差的墨汁，也比最好的记性牢靠。   ——日本箴言

坚定不移的智慧是最高贵的东西，胜过其余的一切。
                                      ——（古希腊）德谟克利特

脚跟立定以后，你必须拿你的力量和技能，自己奋斗。
                                          ——（英）萧伯纳

不经巨大的困难，不会有伟大的事业。   ——（法）伏尔泰

知识的本身并没有告诉人们怎样运用它，运用的方法仍在书本之外。   ——（英）培根

"不可能"这个词，只在愚人的词典中找得到。

——（法）拿破仑

人生的竞技场上，荣誉与奖赏眷顾那些善于行动的人。

——（古希腊）亚里士多德

宁在事前心力交瘁的努力，事后悠然自得；不要在事前悠然自得，而在临事时无所适从。　　　　　　——（英）丘吉尔

有足够的"如果"我们可以把埃菲尔铁塔装进瓶子里。

——法国箴言

吾志所向，一往无前，愈挫愈奋，再接再厉。　　　——孙中山

"不耻最后"。即使慢，弛而不息，纵会落后，纵会失败，但一定可以达到他所向的目标。　　　　　　　　　　　　——鲁迅

用书之智不在书中，而在书外。　　　　　　——（英）培根

读书补天然之不足，经验补读书之不足。　　——（英）培根

容易发怒，是品格上最为显著的弱点。　　　——（意）但丁

不要慨叹生活的痛苦！慨叹是弱者。　　——（苏联）高尔基

只有满怀自信的人，才能在任何地方都怀有自信沉浸在生活中，并实现自己的意志。　　　　　　　　　　——（苏联）高尔基

学习，永远不晚。　　　　　　　　　　——（苏联）高尔基

书籍使我变成了一个幸福的人，使我的生活变成轻松而舒适的诗。

——（苏）高尔基

要想向我学知识，你必须先有强烈的求知欲望，就像你有强烈的求生欲望一样。
——（古希腊）苏格拉底

教育不是灌输，而是点燃火焰。　　　——（古希腊）苏格拉底

问题是接生婆，它能帮助新思想的诞生。

——（古希腊）苏格拉底

人之所以犯错误，不是因为他们不懂，而是因为他们自己以为什么都懂。
——（法）卢梭

海不辞水，故能成其大；山不辞土石，故能成其高；明主不厌人，故能成其众。
——（春秋）管仲

人类的智慧就是快乐的源泉。　　　　——（意大利）薄迦丘

智慧是经验之女。　　　　　　——（意大利）达·芬奇

学习却不行动，就如耕作却不播种。　　　——阿拉伯箴言

人的知识愈广，人的本身也愈臻完善。　　——（苏联）高尔基

当智慧骄傲到不肯哭泣，庄严到不肯欢乐，自满到不肯看人的时候，就不再是智慧了。　　　　　　——（黎巴嫩）纪伯伦

生活的智慧大概就在于遇事问个为什么。

——（法）巴尔扎克

没有不可认识的东西，我们只能说还有尚未被认识的东西。

——（苏联）高尔基

科学是使人的精神变得勇敢的最好途径。

——（意大利）布鲁诺

以不知为知非知，以不知为不知为知。

——（古希腊）苏格拉底

没有高于智慧的财富。　　　　　　　　　　——欧洲箴言

热爱书吧——这是知识的源泉。　　　——（苏联）高尔基

荣誉和财富，若没有聪明才智，是很不牢靠的财产。

——希腊箴言

智慧只能在真理中发现。　　　　　　　——（德）哥德

养成读书的习惯，就给你自己建造了一座逃避人生几乎所有不幸的避难所。　　　　　　　　　　　　　　——（英）毛姆

书籍是知识的总统。　　　　　　　——（英）莎士比亚

科学的唯一目的，在于减轻人类生存的艰辛。

——（德）布莱希特

数百年旧家无非积德，第一件好事还是读书。　　——张元济

阅读一本不适合自己阅读的书，比不阅读还要坏。我们必须会这样

一种本领，选择最有价值、最适合自己所需要的读物。

——（俄）别林斯基

学问对于人们要求最大的紧张和最大的热情。

——（俄）巴普洛夫

要么别鞠躬，要鞠就深鞠躬。　　　　　——巴西箴言

只向能力与你相近的人征求意见。　　　　——丹麦箴言

要想跳得高，助跑必须够长。　　　　　　——荷兰箴言

智慧不是死的默念，而是生的思考。　　——（荷兰）斯宾诺莎

决定问题，需要智慧，贯彻执行时则需要耐心。

——（古希腊）荷马

简洁是智慧的灵魂，冗长是肤浅的藻饰。

——（英）莎士比亚

真正的美德不可没有实用的智慧，而实用的智慧不可没有美德。

——（古希腊）亚里士多德

聪明睿智的特点就在于，只需看到听到一点就能长久地思考和更多
地理解。　　　　　　　　　　　　——（意大利）布鲁诺

拼命去争取成功，但不要期望一定成功。

——（英）迈克尔·法拉第

最困难之时，就是我们离成功不远之日。 ——（罗马）恺撒

科学的每一项巨大成就，都是以大胆的幻想为出发点的。
——（美）杜威

知识是一种快乐，而好奇则是知识的萌芽。 ——（英）培根

没有智慧的头脑，就像没有蜡烛的灯笼。
——（苏联）高尔基

不满足是向上的车轮。 ——鲁迅

辛苦是获得一切的定律。 ——（英）牛顿

人的智慧掌握着三把钥匙，一把开启数字，一把开启字母，一把开启音符。知识、思想、幻想就在其中。 ——（法）雨果

天才出于勤奋。 ——（苏联）高尔基

科学绝不是一种自私自利的享乐。有幸能够致力于科学研究的人，首先应该拿自己的学识为人类服务。 ——（德）马克思

科学是使人的精神变得勇敢的最好途径。
——（意大利）布鲁诺

科学绝不是也永远不会是一本写完了的书。每一项重大成就都会带来新的问题，任何一个发展随着时间的推移都会出现新的严重的困难。
——（美）爱因斯坦

假如你避免不了，就得去忍受。不能忍受生命中注定要忍受的事情，就是软弱和愚蠢的表现。

——（英）勃朗特

一个人追求的目标越高，他的才力就发展得越快，对社会就越有益。

——（苏联）高尔基

任何一个发展随着时间的推移都会出现新的严重的困难。

——（美）爱因斯坦

智慧不属于恶毒的心灵，没有良心的科学只是灵魂的毁灭。

——（法）拉伯雷

人需要真理，就像瞎子需要明快的引路人一样。

——（苏联）高尔基

科学的不朽荣誉，在于它通过对人类心灵的作用，克服了人们在自己面前和在自然界面前的不安全感。

——（美）爱因斯坦

智慧的仓库里满储箴言。

——波斯箴言

理智要比心灵为高，思想要比感情可靠。

——（苏联）高尔基

不是所有能被弄清的事物都很重要，同样，也不是所有很重要的事物就一定能被弄清。

——（美）爱因斯坦

明智的人绝不坐下来为失败而哀嚎，他们一定乐观地寻找办法来加以挽救。

——（英）莎士比亚

由智慧所养成的习惯能成为第二本性。

——（英）培根

一个人的个性应该像岩石一样坚固，因为所有的东西都建筑在它

上面。 ——（俄）屠格涅夫

这个世界上有两种人，一种是快乐的猪，一种是痛苦的人。做痛苦的人，不做快乐的猪。 ——（古希腊）苏格拉底

如果把世上每一个人的痛苦放在一起，再让你去选择，你可能还是愿意选择自己原来的那一份。 ——（古希腊）苏格拉底

钱包空空如也比脑袋空空如也好。 ——德国箴言

智慧不是天公的恩赐，而是经验的结晶。 ——阿富汗箴言

哪里有智慧，哪里就有成效。 ——俄罗斯箴言

知者不惑，仁者不忧，勇者不惧。 ——（春秋）孔子

意志是一个强壮的盲人，倚靠在明眼的跛子肩上。

——（德）叔本华

我们手里的金钱只是保持自由的一种工具。 ——（法）卢梭

因为真理是灿烂的，只要有一个缝隙，就能照亮整个田野。

——（俄）赫尔岑

真理是时间的孩子，不是权威的孩子。 ——（德）布莱希特

对真理的追求比对真理的占有更为可贵。 ——（德）莱辛

金钱比起纯洁的良心来，又算什么呢？ ——（英）哈代

难以忍受的痛苦经常成为美好的回忆。 ——印度箴言

真理是一支火炬，而且是一支巨大的火炬，所以当我们怀着生怕被他烧着的恐惧心情企图从它旁边走过去的时候，连眼睛也难以睁开。

——（德）哥德

读史使人明智，读诗使人灵秀，数学使人厝密，科学使人深刻，伦理使人庄重，逻辑修辞使人善辩。凡有所学皆成性格。

——（英）培根

玫瑰不叫玫瑰，亦无损其芳香。　　　　　——（英）莎士比亚

过于求速是做事的最大危险之一。　　　　　——（英）培根

人类有一件真正有力的武器，那就是笑。

——（美）马克·吐温

智慧的可靠标志就是能够在平凡中发现奇迹。

——（美）爱默生

缺乏智慧的灵魂是僵死的灵魂。若以学问来加以充实，它就能恢复生气，犹如雨水浇灌荒芜的土地一样。

——（阿拉伯）阿布尔·法拉治·伊斯法哈尼

真理就像甘蔗，即便你咀嚼了很久，它仍然有甜味。

——马达加斯加箴言

光荣的道路不是鲜花铺成的。　　　　　——意大利箴言

买了不需要的东西，就等于卖出需要的东西。　　——英国箴言

点子就是财富。　　　　　　　　　　　——肯尼亚箴言

择其善者而从之，其不善者而改之。　　　　——《论语》

独行快，众行远。

——非洲箴言

世上只有一个真理，便是忠实于人生并且爱它。

——（法）罗曼·罗兰

智慧、勤劳和天才，高于显贵和富有。

——（德）贝多芬

智慧，不是死的默念，而是生的深思。

——（荷兰）斯宾诺莎

酒再烈，不喝也不会醉。

——韩国箴言

真理是时间的产物，而不是权威的产物。

——（英）培根

聪明人克服谬误，从而走向真理；只有傻瓜才坚持自己的谬误。

——（法）吕凯特

真理是时间的女儿，不是权威的女儿。

——（英）培根

人的价值并不取决于是否掌握真理，或者自认为真理在握，决定人的价值的是追求真理的孜孜不倦的精神。

——（德）莱辛

贫者因书而富，富者因书而贵。

——（宋）王安石

流水在碰到底处时才会释放活力。

——（德）歌德

人的情况和树木相同。它愈想向高处和明亮处，它的根愈要向下，向泥土，向黑暗处，向深处。

——（德）尼采

莺花犹怕春光老，岂可教人枉度春？

——《增广贤文》

相逢不饮空归去，洞口桃花也笑人。

——《增广贤文》

人生一日或闻一善言，见一善行，行一善事，此日方不虚生。遇富贵人，宜劝他宽，见聪明人，宜劝他厚。 ——（清）曾国藩

定静安虑得，此五字时时有，事事有。离了此五字，便是孟浪做。 ——（清）曾国藩

真正爱的人没有什么爱得多爱得少的，他是把自己整个儿给了所有爱的人。

——（法）罗曼·罗兰

二十岁时起支配作用的是意志，三十岁时是智慧，四十岁时是判断。 ——（美）富兰克林

生活最大的危险就是一个空虚的心灵。　　　——（英）葛劳德

生活就是一种永恒的沉重的努力，努力不至于使自己迷失方向，努力是自己在自我中，在原位中坚定的存在。

——（法）米兰·昆德拉

要有生活目标，一辈子的目标，一段时期的目标，一个阶段的目标，一年的目标，一个月的目标，一个星期的目标，一天的目标，一个小时的目标，一分钟的目标。　　　——（俄）列夫·托尔斯泰

人生是艰苦的。对不甘于平庸凡俗的人那是一场无日无夜的斗争，往往是悲惨的、没有光华的、没有幸福的，在孤独与静寂中展开的斗争……他们只能依靠自己，可是有时连最强的人都不免于在苦难中蹉跎。　　　——（法）罗曼·罗兰

生活只有在平淡无味的人看来才是空虚而平淡无味的。

——（俄）车尔尼雪夫斯基

做事不可迟缓，言谈不可杂乱，思想不可游移，灵魂不可完全倾注于自身，或者过分焦躁不安，生活中不可始终忙碌不止。

——（罗马）奥勒留

如果容许我再过一次人生，我愿意重复我的生活。因为，我向来就不后悔过去，不惧怕将来。　　　——（法）蒙田

知足是天然的财富，奢侈是人为的贫穷。

——（古希腊）苏格拉底

当你能念书时，你就念书；当你能做事时，你就做事；当你能恋爱

时，你就恋爱；当你能结婚时，你就结婚。时机来临时，放弃不得。这便是生活哲学。

———（法）罗曼·罗兰

我们热爱这个世界时，才真正活在这个世界上。　　———泰戈尔

一个人的价值，应该看他贡献什么，而不应当看他取得什么。

———（美）爱因斯坦

穷则变，变则通，通则久。　　　　　　　　　———《周易》

博学之，审问之，慎思之，明辨之，笃行之。　　———《中庸》

仓廪实则知礼节，衣食足则知荣辱。　　　　———（春秋）管子

不登高山，不知天之高也；不临深溪，不知地之厚也。

———（战国）荀子

青，取之于蓝而青于蓝。　　　　　　　　———（战国）荀子

穷则独善其身，达则兼善天下。　　　　　———（战国）孟子

势为天子，未必贵也；穷为匹夫，未必贱也；贵贱之分，在行之恶美。　　　　　　　　　　　　　　　　———（战国）庄子

察己则可以知人，察今则可以知古。　　　　———《吕氏春秋》

见兔而顾犬，未为晚也；亡羊而补牢，未为迟也。

———《战国策》

不飞则已，一飞冲天；不鸣则已，一鸣惊人。

——（汉）司马迁

差以毫厘，谬以千里。 ——（汉）班固

前车之覆，后车之鉴。 ——（汉）班固

念人之过，必亡人之功。 ——（汉）高诱

善疑人者，人亦疑之；好防人者，人亦防之。

——（明）刘基

一腔热血勤珍重，洒去犹能化碧涛。 ——秋瑾

人生有两种悲剧：一种是你没有得到想要的东西，另一种是得到了。 ——（英）萧伯纳

保持健康的唯一方法是吃你所不愿意吃的东西，喝你所不愿意喝的饮料，做你所不愿意做的事。 ——（美）马克·吐温

若不好到至极，就不算伟大。 ——（英）莎士比亚

人生最困难的事情是认识自己。 ——（古希腊）特莱斯

路是脚踏出来的，历史是人写出来的。人的每一步行动都在书写自己的历史。 ——吉鸿昌

不要为尚在水中的鱼而讨价还价。 ——印度箴言

那最神圣恒久而又日新月异的，那最使我们感到惊奇和震撼的两件东西，是天上的星空和我们心中的道德律。

——（德）康德

真正的人生，只有在经过艰苦卓绝的斗争之后才能实现。

——（古罗马）塞涅卡

人生就是学校。在那里，与其说好的教师是幸福，不如说好的教师是不幸。

——（德）海贝尔

人的一生是短的，但如果卑劣地过这一生，就太长了。

——（英）莎士比亚

生命是一条美丽而曲折的幽径，路旁有妍花的丽蝶，累累的美果，但我们很少去停留观赏，或咀嚼它，只一心一意地渴望赶到我们幻想中更加美丽的豁然开朗的大道。然而在前进的程途中，却逐渐树影凄凉，花蝶匿迹，果实无存，最后终于发觉到达一个荒漠。

——（美）萨拉

内容充实的生命就是长久的生命。我们要以行为而不是以时间来衡量生命。

——（古罗马）小塞涅卡

生命在闪耀中现出绚烂，在平凡中现出真实。

——（爱尔兰）伯克

当你解答了生命的一切奥秘，你就渴望死亡，因为它不过是生命的另一个奥秘。生和死是勇敢的两种最高贵表现。信仰是心中的绿洲，思想的骆驼队是永远走不到的。

——（黎巴嫩）纪伯伦

生和死是无法挽回的，唯有享受其间的一段时光。死亡的黑暗背景衬托出生命的光彩。

——（美）桑塔亚那

人不应当害怕死亡，他所应害怕的是未曾真正地生活。

——（古罗马）奥里利厄斯

谁要游戏人生，他就一事无成；谁不能主宰自己，永远是一个奴隶。

——（德）歌德

人生的价值，应当看他贡献了什么，而不应看他取得了什么。

——（美）爱因斯坦

自安于弱，而终于弱矣；自安于遇，而终于愚矣。

——（宋）吕祖谦

人生若只如初见，何事秋风悲画扇。等闲变却故人心，却道故人心易变。

——（清）纳兰性德

不学古人，法无一可；竟似古人，何处着我。

——（清）袁枚

快乐，是精神和肉体的朝气，是希望和信念，是对自己的现在和未来的信心，是一切都该如此进行的信心。

——（俄）果戈理

觉得自己不快活的人是不会快活的。

——（古罗马）塞内加

人最凶恶的敌人，就是他的意志力的薄弱和愚蠢。

——（苏联）高尔基

人的一生就是进行尝试，尝试得越多，生活就越美好。

——（美）爱默生

人们往往在回忆过去、抱怨现在和害怕未来中度过一生。

——（英）安托尔·里瓦罗尔

我爱有某种丑的美，我爱优雅曼妙的风姿，我爱胜过滔滔雄辩的沉默。我宁可一天十次看到丑，只要其中有闪光、新意和智慧，而不愿在一个月里看见一次灵魂空虚的、渺小的美。

——（黎巴嫩）雷哈尼

长命也许不够好，但是美好的生命却够长。

——（美）富兰克林

我们无法让心灵摆脱生活，但是我们可以塑造心灵，让他超越偶然，让他能够坚强面对悲痛的事情。　　——（英）毛姆

一个人照镜子时，永远不会以陌生人的眼光来审视自己。

——（德）叔本华

假如生活欺骗了你，不要忧郁，也不要愤慨！不顺心的时候暂且容忍，相信吧，快乐的日子就会到来。　　——（俄）普希金

宿命论是那些缺乏意志力的弱者的借口。

——（法）罗曼·罗兰

如果我曾经或多或少地激励了一些人的努力，我们的工作，曾经或多或少地扩展了人类的理解范围，因而给这个世界增添了一分欢乐，那我也就感到满足了。　　——（美）爱迪生

对于我来说，生命的意义在于设身处地替人着想，忧他人之忧，乐

他人之乐。

——（美）爱因斯坦

苦难是人生的老师。

——（法）巴尔扎克

只要你能把假看作真，那么真心诚意的笑将跟随而来，几乎可以起到和真笑相同的效果。

——（美）安尼特·古单哈特

开朗的性格不仅可以使自己经常保持心情的愉快，而且可以感染你周围的人们，使他们也觉得人生充满了和谐与光明。

——（法）罗曼·罗兰

一个人如能让自己经常维持像孩子一般纯洁的心灵，用乐观的心情做事，用善良的心肠待人，光明坦白，他的人生一定比别人快乐得多。

——（法）罗曼·罗兰

在最好、最有爱、最淳朴的人与人之间关系中，赞扬或夸奖是必要的，就像车辆运转需要润滑油一样。

——（俄）列夫·托尔斯泰

悲伤可以自行料理；然而欢乐的滋味如果要充分体会，就需要有人分享才行。

——（美）马克·吐温

不能明智地、正直地、如愿地生活，就无法快乐地生活；同样，不能快乐地生活，也就不会明智地、正直地、富裕地去生活。

——（古希腊）伊壁鸠鲁

人谁无过，过而能改，善莫大焉。

——《左传》

仰不愧于天，俯不怍于人。

——《孟子》

土扶可成墙，积德为厚地。 　　　　　　　　　——（唐）李白

丹青不知老将至，富贵于我如浮云。 　　　　　——（唐）杜甫

尔曹身与名俱灭，不废江河万古流。 　　　　　——（唐）杜甫

猝然临之而不惊，无故加之而不怒。 　　　　　——（宋）苏轼

富贵不淫贫贱乐，男儿到此是豪雄。 　　　　　——（宋）程颢

推诚而不欺，守认而不疑。 　　　　　　　　　——（宋）林逋

而今而后，庶几无愧。 　　　　　　　　　　　——（宋）文天祥

做人不可有傲态，不可无傲骨。 　　　　　　　——（清）陆陇其

胸襟广大，宜从"平""淡"二字用功。凡人我之际须看得平，功名之际须看得淡，庶几胸怀日阔。 　　　　——（清）曾国藩

青年者，人生之王，人生之春，人生之华也。 　　——李大钊

只为家庭活着，这是禽兽的私心；只为一个人活着，这是卑鄙；只为自己活着，这是耻辱。 　　　　——（苏）奥斯特洛夫斯基

创造一切非凡事物的那种神圣的爽朗精神，总是同青年时代的创造力相联系在一起的。 　　　　　　　　　　　——（德）歌德

我们应该像对待蜂蜜那样对待享受，只用指尖蘸，而不能用整只手去抓。 　　　　　　　　　　　　　　　——（英）比德

承认自己的无知，只表现一次无知；企图掩饰自己的无知，就得多表现几次无知。

——日本箴言

能隐藏欢乐的人比能隐藏痛苦的人更了不起。

——（瑞士）拉瓦特

你若要喜爱你自己的价值，你就得给世界创造价值。

——（德）歌德

人生如戏，人们先演主角，再演配角，而后为他人念白，最终看着幕布降下。

——（英）丘吉尔

寿命的缩短与思想的虚耗成正比。

——（英）达尔文

人不能像走兽那样活着，应该追求知识和美德。

——（意）但丁

谁能以深刻的内容充实每个瞬间，谁就是在无限地延长自己的生命。

——（德）库尔茨

我们活着不能与草木同腐，不能醉生梦死，枉度人生，要有所作为。

——方志敏

没有比人生更难的艺术，因为其他的艺术和学问，到处都可以找到很理想的老师。

——（罗马）赛涅卡

迎头搏击才能前进，勇气减轻了命运的打击。

——（古希腊）德谟克利特

一个人的价值，全决定于他自己。

——（苏）高尔基

人生的光荣，不在永不失败，而在于能屡扑屡起。

——（法）拿破仑

做好事是人生唯一确实快乐的行动。　　——（英）西德尼

在人生的任何场合，都要站在第一线战士的行列里。

——（苏）奥斯特洛夫斯基

人生就像弈棋，一步失误，全盘皆输，这是令人悲哀之事；而且人生还不如弈棋，不可能再来一局，也不能悔棋。

——（奥地利）弗洛伊德

想左右天下的人，须先能左右自己。

——（古希腊）苏格拉底

人生下来不是为了抱着锁链，而是为了展开双翼。

——（法）雨果

对一个人的评价，不可视其财富出身，更不可视其学问高下，而是要看他真实的品德。　　——（英）培根

人只有献身于社会，才能找出那实际上是短暂而有风险的生命的意义。　　——（美）爱因斯坦

人生犹如一本书，愚蠢者草草翻过，聪明人细细阅读，为何如此？因为他们只能读它一次。　　——（罗马）保罗

生命不可能有两次，但许多人连一次也不善于度过。

——（法）吕凯特

生命，那是自然付给人类去雕琢的宝石。

——（瑞典）诺贝尔

生命不等于是呼吸，生命是活动。　　　　——（法）卢梭

生命如同寓言，其价值不在于长短，而在于内容。

——（古罗马）塞涅卡

人的生命，似洪水奔流，不遇着岛屿和暗礁，难以激起美丽的浪花。　　　　　　　　　　——（苏联）奥斯特洛夫斯基

燧石受到的敲打越厉害，发出的光就越灿烂。

——（德）马克思

正如恶劣的品质可以在幸运中暴露一样，最美好的品质也是在厄运中被显示的。　　　　　　　　　　　　　　——（英）培根

在命运的颠沛中，最可以看出人们的气节。

——（英）莎士比亚

自己活着，就是为了使别人活得更美好。　　　　——雷锋

人生的最高理想是为人民谋利益。　　　——（美）德莱塞

我从来不把安逸和快乐看作是生活目的本身——这种伦理基础，我叫它猪栏的理想。　　　　　　　　　——（美）爱因斯坦

人生应该如蜡烛一样，从顶燃到底，一直都是光明的。

——萧楚女

没有人能平安无事度过一生。　　　　——（古希腊）埃斯库罗斯

一个伟大的灵魂，会强化思想和生命。　　　——（美）爱默生

世界上只有一种英雄主义，那就是了解生命而且热爱生命的人。

——（法）罗曼·罗兰

我们只有献出生命，才能得到生命。　　　——（印度）泰戈尔

如能善于利用，生命乃悠长。　　　——（古罗马）塞涅卡

一个人的价值唯有与其他人相对照才能衡量出来。

——（德）尼采

人生是一所学校，在那里，不幸比起幸福来是更好的老师。

——（德）弗里奇

生活只有在平淡无奇的人看来才是空虚而平淡无奇的。

——（俄）车尔尼雪夫斯基

真正的价值并不在人生的舞台上，而在我们扮演的角色中。

——（德）席勒

明者因时而变，知者随事而制。　　　——（汉）桓宽

时来天地皆同力，远去英雄不自由。　　　——（唐）罗隐

来而不可失者时也，蹈而不可失者机也。 ——（宋）苏轼

运去金成铁，时来铁似金。 ——《增广贤文》

有意栽花花不发，无心插柳柳成荫。 ——《增广贤文》

如果错过了太阳时你流了泪，那么你也要错过星群了。
——（印度）泰戈尔

聪明的人造就机会多于碰到机会。 ——（英）培根

一个明智的人总是抓住机遇，并把它变成美好的未来。
——（英）托·富勒

机会对于不能利用它的人又有什么用呢？正如风只对于能利用它的人才是动力。 ——（美）西蒙

人生颇富机会和变化。人最得意的时候，有最大的不幸光临。
——（古希腊）亚里士多德

谁若是有一刹那的胆怯，也许就放走了幸运在这一刹那间对他伸出来的香饵。 ——（法）大仲马

好花盛开，就该尽先摘，慎莫待美景难再，否则一瞬间，它就要凋零萎谢，落在尘埃。 ——（英）莎士比亚

善于捕捉机会者为俊杰。 ——（德）歌德

机会不会上门来找，只有人去找机会。 ——（英）狄更斯

君子藏器于身，待时而动。 ——《周易》

只有愚者才等待机会，而智者则造就机会。　　　——（英）培根

一个人的性格决定他的际遇。如果你喜欢保持你的性格，你就无权拒绝你的际遇。　　　——（法）罗曼·罗兰

一个人不论干什么事，失掉恰当的时节、有利的时机就会前功尽弃。　　　——（古希腊）柏拉图

良机只有一次，一旦坐失，就再也得不到了。
　　　　　　　　　　　　　　　　　——（英）勃朗宁

人不能创造时机，但是他可以抓住那些已经出现的时机。
　　　　　　　　　　　　　　　　　——（英）雪莱

善于识别与把握时机是极为重要的。　　　——（英）培根

逆境是通向真理的第一条道路。　　　　——（英）拜伦

永恒的东西每个人都会碰到，有限的东西只有某些人才能碰到。
　　　　　　　　　　　　　　　　　——（美）皮士尔

好的运气令人羡慕，而战胜厄运则更令人惊叹。
　　　　　　　　　　　　　　　　　——（英）培根

幸运的时机好比市场上的交易，只要你稍有延误，它就将掉价了。
　　　　　　　　　　　　　　　　　——（英）培根

命运是机会的影子。　　　　——（古希腊）苏格拉底

机会先把前额的头发给你提而你不提之后，就要把秃头给你提了；或者至少它先把瓶子的把儿给你拿，如果你不拿，它就要把瓶子滚圆的身子给你，而那是很难提住的。在开端起始时善用时机，再没有比这种

智慧更大的了。　　　　　　　　　　　　　　　　——（英）培根

凡过于把幸运之事归功于自己的聪明和智慧的人多半结局是不幸的。　　　　　　　　　　　　　　　　　　——（英）培根

幸运并非没有许多的恐惧与烦恼，厄运也并非没有许多的安慰与希望。　　　　　　　　　　　　　　　　　——（英）培根

运气这东西从来都不是捡来的，它是借来的。　　　——瑞典箴言

良机对于懒惰没有用，但勤劳可以使平凡的机遇变成良机。
　　　　　　　　　　　　　　　　——（德）马丁·路德

如果有人错过机会，多半不是机会没有到来，而是因为等待机会者没有看见机会到来；而且机会过来时，没有一伸手就抓住它。
　　　　　　　　　　　　　　　　——（法）罗曼·罗兰

没有所谓命运这个东西，一切无非是考验、惩罚或补偿。
　　　　　　　　　　　　　　　　——（法）伏尔泰

善于识别与把握时机是重要的。在一切大事业上，人在开始做事前要像千眼神那样察视时机，而在进行时要像千手神那样抓住时机。
　　　　　　　　　　　　　　　　——（英）培根

苦难显才华，好运隐天资。　　　　　——（古罗马）贺拉斯

我要扼住命运的咽喉，它决不能使我完全屈服。
　　　　　　　　　　　　　　　　——（德）贝多芬

入世之初就应该立即抓住第一次的战斗机会。
　　　　　　　　　　　　　　　　——（法）司汤达

天决不助不愿作为的人。　　　　　　　　　　——（古希腊）索福克勒斯

太阳是为所有人而升起的。　　　　　　　　　　　　　　——古巴箴言

公正，一定会打倒那些说假话和作假证的人。
　　　　　　　　　　　　　　　　　　　　——（古希腊）赫拉克利特

必须敢于正视，这才可望敢想、敢说、敢做、敢当。倘使想正视而
不敢，此外还能成什么气候。　　　　　　　　　　　　　　——鲁迅

真的猛士，敢于直面惨淡的人生，敢于正视淋漓的鲜血。
　　　　　　　　　　　　　　　　　　　　　　　　　　——鲁迅

你不能同时又有青春又有关于青春的知识，因为青春忙于生活，而
顾不得去了解；而知识为着要生活，而忙于自我寻求。
　　　　　　　　　　　　　　　　　　　　——（黎巴嫩）纪伯伦

我们只能爱我们理解的东西，却永远也不能彻底理解我们不爱的
东西。　　　　　　　　　　　　　　　　　　　　——（英）赫胥黎

每天早上醒来，狮子知道自己必须比最慢的瞪羚跑得快，而瞪羚知
道自己必须比最快的狮子跑得更快，否则就很难活下去——所以每天起
来就拼命奔跑吧，不管你认为自己是瞪羚还是狮子。
　　　　　　　　　　　　　　　　　　　　　　　　——非洲箴言

一个有坚强心志的人，财产可以被人掠夺，勇气却不会被人剥
夺的。　　　　　　　　　　　　　　　　　　　　——（法）雨果

享乐会消磨人的意志。　　　　　　　　　　　　——西班牙箴言

能够岿然不动，坚持正义，渡过难关的人是不多的。
　　　　　　　　　　　　　　　　　　　　　　　——（法）雨果

决心就是力量，信心就是成功。　　　　——（俄）列夫·托尔斯泰

如果我们选择了最能为人类谋福利而劳动的职业，那么，重担就不能把我们压倒，因为这是为大家而献身。　　　　　　——（德）马克思

实用的知识只有通过亲身体验才能学到。

——（英国）斯迈尔斯

工作是一种乐趣时，生活是一种享受；工作是一种义务时，生活则是一种苦役。　　　　　　　　　　　　——（苏联）高尔基

我只有一个忠告给你——做你自己的主人。

——（法）拿破仑

我未曾见过一个早起、勤奋、谨慎、诚实的人抱怨命运不好；良好的品格，优良的习惯，坚强的意志，是不会被所谓的命运击败的。

——（美）富兰克林

人要先经过困难，然后踏入顺境，才觉得受用、舒服。

——（美）爱迪生

童年时，人生就像是在远处看见的舞台布景；老年时，人生依旧是那台布景，只是移到了极近处。　　　　　——（德）叔本华

一只不走的钟一天还可以指示两次正确的时间。

——波兰箴言

人生的价值，并不是用时间，而是用深度去衡量的。

——（俄）列夫·托尔斯泰

富贵必从勤苦得，男儿需读五车书。　　　　——（唐）杜甫

一日不见，如三秋兮。　　　　　——《诗经》

树欲静而风不止，子欲养而亲不待。

——（春秋）皋鱼

结交在相知，骨肉何必亲。

——《箜篌谣》

丈夫志四海，万里犹比邻。

——（三国）曹植

相知无远近，万里尚为邻。

——（唐）张九龄

独在异乡为异客，每逢佳节倍思亲。

——（唐）王维

烽火连三月，家书抵万金。

——（唐）杜甫

在天愿作比翼鸟，在地愿为连理枝。　　——（唐）白居易

东边日出西边雨，道是无晴却有晴。　　——（唐）刘禹锡

父子不信，则家道不睦。　　——（唐）武则天

谁言寸草心，报得三春晖。　　——（唐）孟郊

衣带渐宽终不悔，为伊消得人憔悴。　　——（宋）柳永

养不教，父之过；教不严，师之惰。　　——（宋）王应麟

爱妻之心是主，爱子之心是亲。　　——《增广贤文》

世界上有一种最美丽的声音，那便是母亲的呼唤。

——（意大利）但丁

爱情是理解和体贴的别名。　　——（印度）泰戈尔

每个人都深爱着自己的母亲而不自知，只有到最后离别那一刻才惊觉爱得如此深沉，如此隐晦。　　——（法）莫泊桑

爱着时，眼睛为她下着雨，心却为她撑着伞。

——（印度）泰戈尔

享受着爱和荣誉的人，才会感到生存的乐趣。

——（英）莎士比亚

没有无私的、自我牺牲的母爱的帮助，孩子的心灵将是一片荒漠。

——（英国）狄更斯

父亲给儿子东西的时候，儿子笑了；儿子给父亲东西的时候，父亲哭了。

———犹太人箴言

爱情，就像银行里存一笔钱，能欣赏对方的优点，就像补充收入；容忍对方缺点，这是节制支出。所谓永恒的爱，是从红颜爱到白发，从花开爱到花残。

———（英）培根

时间可以让人丢失一切，可是亲情是割舍不去的。即使有一天，亲人离去，但他们的爱却永远留在子女灵魂的最深处。

———（苏联）高尔基

独学而无友，则孤陋而寡闻。 ———《礼记》

人之相识，贵在相知，人之相知，贵在知心。 ———《孟子》

君子之交淡若水，小人之交甘若醴；君子淡以亲，小人甘以绝。

———《庄子》

一死一生，乃知交情。一贫一富，乃知交态。一贵一贱，交情乃见。

———（汉）司马迁

以财交者，财尽则交绝；以色交者，华落而爱渝。

———《战国策》

以势交者，势倾则绝；以利交者，利穷则散。

———（隋）王通

桃花潭水深千尺，不及汪伦送我情。 ———（唐）李白君子与君子以同道为朋，小人与小人以同利为朋。

——（宋）欧阳修

酒逢知己饮，诗向会人吟。 ——《增广贤文》

君子淡如水，岁久情愈真。小人口如蜜，转眼如仇人。

——（明）方孝孺

天下快意之事莫若友，快友之事莫若谈。 ——（清）蒲松龄

和你一同笑过的人，你可能把他忘掉，但是和你一同哭过的人，你却永远不忘。 ——（黎巴嫩）纪伯伦

交朋友不是让我们用眼睛去挑选十全十美的，而是让我们用心去吸引那些志同道合的。 ——（法）罗曼·罗兰

世界上没有比友谊更美好，更令人愉快的东西了；没有友谊，世界仿佛失去了太阳。 ——（古罗马）西塞罗

圣贤是思想的先声，朋友是心灵的希望。 ——（美）爱迪生

因结婚而产生的爱，造出儿女；因友情而产生的爱，造就一个人。

——（英）培根

名声是无味的向日葵，带着一顶华丽而俗不可耐的金冠；友谊则是鲜润的玫瑰花，褶褶瓣瓣散发着沁人的芬芳。 ——（美）霍姆斯

朋友间必须是患难相济，那才能说得上是真正的友谊。

——（英）莎士比亚

无论是多情的诗句、漂亮的文章，还是闲暇的欢乐，都不能代替无比亲密的友情。

——（俄）普希金

只要你想想一个人一生中有多少事务是不能仅靠自己去做的，就可以知道友谊有多少益处了。

——（英）培根

友谊是两颗心真诚相待，而不是一颗心对另一颗心的敲打。

——鲁迅

世间最美好的东西，莫过于有几位头脑和心地都很正直的严正的朋友。

——（美）爱因斯坦

没有可倾心相谈的知交的人们，是个吃自己和自己心的食人鬼。

——（英）培根

如果想交朋友，就得先为别人做些事——那些要花时间、体力、体贴和奉献才能做到的事。

——（美）卡耐基

友谊建立在同志中，巩固在真挚上，发展在批评里，断送在奉承中。

——（苏联）列宁

友谊是人生的调味品，也是人生的止痛药。

——（美）爱默生

真正的朋友，在你获得成功的时候，为你高兴，而不捧场；在你遇到不幸或悲伤的时候，会给你及时的支持和鼓励；在你有缺点可能犯错误的时候，会给你正确的批评和帮助……这样的友谊才是真正可贵的。

——（苏联）高尔基

要这样生活，使你的朋友不致成为仇人，使你的仇人却成为朋友。

——（古希腊）毕达哥拉斯

朋友有时是一个缺乏明确含义的词，而敌人不是这样。

——（法）雨果

虚伪的友谊如同你的影子，当你在阳光下时，他会紧紧跟着你；当你穿越背阴时，它立即就会离开你。　　　　——（英）培根

是所有人的朋友，对谁也不是朋友。　　　　　——波兰箴言

宁要一百个朋友，不要一百卢布。　　　　　——俄罗斯箴言

朋友看朋友是透明的，他们彼此交换着生命。

——（法）罗曼·罗兰

信任一位虚伪的朋友，增加一个敌对的证人。

——西班牙箴言

所谓友谊，首先是诚恳，是敢于批评同志的错误。

——（苏联）奥斯特洛夫斯基

交了一个好朋友，品味能上一大步。　　　　——以色列箴言

友谊是个无限的天地，它多么宽广啊！　　　　——（英）布朗宁

近朱者赤，近墨者黑。　　　　　　　　——（晋）傅玄

只有真才美，只有真才可爱，虚假永远无聊乏味，令人生厌。

——（法）布瓦洛

美不应当美在天然上，而应当美在灵魂上。

——（俄）契诃夫

照天性来说，人人都是艺术家。他无论在什么地方，总是希望把"美"带到他的生活中去。 ——（苏联）高尔基

我们越是忙越能强烈地感到我们是活着，越能意识到我们生命的存在。 ——（德）康德

容华一朝尽，情余心不变。 ——（宋）鲍令晖

你不同情跌倒的人的痛苦，在你遇难时也将没有朋友帮忙。

——（波斯）萨迪

诚实而无知，是软弱的，无用的；然而有知识而不诚实，却是危险的，可怕的。 ——（英）塞缪尔·约翰逊

没有单纯、善良和真实，就没有伟大。

——（俄）列夫·托尔斯泰

通往爱的路上无险阻。 ——肯尼亚箴言

你若爱她，让你的爱像阳光一样包围她，并且给她自由。

——（印度）泰戈尔

有时候，爱情不是看到了才相信，而是因为相信了才看得到。

——印度箴言

爱情需要占据人莫大的精力，因为它要求人离开自己的生活专门去做一个爱人。

——（英）毛姆

真正的爱情是不能用言语表达的，行为才是忠心的最好说明。

——（英）莎士比亚

什么是爱情，爱情是大自然的珍宝，是欢乐的宝库，是最大的愉快，是从不使人生厌的祝福。

——（英）查特顿

爱和炭相同，烧起来没法叫它冷却。

——（英）莎士比亚

爱情需要合理的内容，正像熊熊烈火要油来维持一样；爱情是两个相似的天性在无限感觉中的和谐的交融。

——（俄）别林斯基

爱情若被束缚，世人的旅程即刻中止。爱情若葬入坟墓，旅人就是倒在坟上的墓碑，就像船的特点是被驾驭着航行，爱情不允许被幽禁，只允许被推向前。爱情纽带的力量，足以粉碎一切羁绊。

——（印度）泰戈尔

我们平等地相爱，因为我们互相了解，互相尊重。

——（俄）列夫·托尔斯泰

母爱是一种巨大的火焰。

——（法）罗曼·罗兰

慈母的胳膊是慈爱构成的，孩子睡在里面怎能不甜。

——（法）雨果

你将拥有的家庭比你出身的家庭重要。

——（英）劳伦斯

家庭是大自然创造的杰作之一。 ——（美）桑塔亚那

越早把你的儿子当成男人，他就越早成为男人。

——（英）洛克

无论是国王还是农夫，家庭和睦是最幸福的。

——（德）歌德

不要用围墙来保护自己，要用你的朋友们。 ——捷克箴言

爱情浓厚的夫妻生的孩子，往往富有爱情的特色：温柔、活泼、快活、高尚、热心。 ——（法）巴尔扎克

应当选择那些在危险时能够在我们旁边的作为同盟。

——希腊箴言

选择朋友要慢，改换朋友要更慢。 ——（美）富兰克林

遇上好邻居等于遇上好天气。 ——法国箴言

理想·奋斗·成功

第四编

不患无位，患所以立；不患莫己知，求为可知也。
　　　　　　　　　　　　　　——（春秋）孔子

立下凌云志，敢去摘星星。有志周行天下，无志寸步难行。
　　　　　　　　　　　　　　——《古今贤文》

年怕中秋月怕半，男儿立志在少年。
　　　　　　　　　　　　　　——《古今贤文》

船大不怕浪高，志大不怕艰险。
　　　　　　　　　　　　　　——《古今贤文》

没有爬不过的高山，没有闯不过的险滩。
　　　　　　　　　　　　　　——《古今贤文》

山立在地上，人立在志上。月缺不改光，剑折不改钢。
　　　　　　　　　　　　　　——《古今贤文》

大鹏一日同风起，扶摇直上九万里。
　　　　　　　　　　　　　　——（唐）李白

题诗寄汝非无意，莫负青春取自惭。青春虚度无所成，白首衔悲补何及。

——（唐）权德舆

人类总有一种理想，一种希望。虽然高下不同，必须有个意义。

——鲁迅

希望是附丽于存在的，有存在便有希望，有希望便是光明。

——鲁迅

凡事以理想为因，实行为果。
——鲁迅

缺乏理想的现实主义是毫无意义的，脱离现实的理想主义是没有生命的。

——（法）罗曼·曼兰

我们唯一的悲哀，是生活于愿望之中而没有希望。

——（意大利）但丁

要学习孩子们，他们从来不怀疑未来的希望。

——（印）泰戈尔

人生的最高理想是为了人民谋利益。
——（美）德莱赛

宣传最崇高的理想，倘若看不到通往这个理想的正确道路，也是无济于事的。
——（法）巴比塞

没有理想，即没有某种美好的愿望，也就永远不会有美好的现实。

——（俄）陀思妥耶夫斯基

暂时的是现实，永生的是理想。
——（法）罗曼·罗兰

世界上最快乐的事，莫过于为理想而奋斗。哲学家告诉我们："为善至乐"的乐，乃是从道德中产生出来的，为理想而奋斗的人，必能获得这种快乐，因为理想的本质就含有道德的价值。

——（古希腊）苏格拉底

人生是海洋，希望是舵手的罗盘，使人们在暴风雨中不致迷失方向。 ——（法）狄德罗

在理想的最美好世界中，一切都是为最美好的目的而设。

——（法）伏尔泰

理想有胜于现实的地方，现也有胜于理想的地方，唯有把这两者融为一体，才能获得完美的幸福。 ——（俄）列夫·托尔斯泰

没有理想，就达不到目的；没有勇敢，就得不到东西。

——（俄）别林斯基

希望是热情之母，它孕育着荣誉，孕育着力量，孕育着生命。一句话，希望是世间万物的主宰。 ——（印度）普列姆昌德

有的人爱说目标很难达到，那是由于他们的意志薄弱所致。

——（美）卡耐基

无论是人类还是民族，如果没有崇高的理想，就不能生存。

——（俄）陀思妥耶夫斯基

人的活动如果没有理想的鼓舞，就会变得空虚而渺小。

——（俄）车尔尼雪夫斯基

人生的道路和归宿，不是享乐也不是忧愁。努力啊，为了每一个明天，每个明天都比今天胜一筹。

——（美）朗费罗

如果不献身给一个伟大的理想，生命就是毫无意义的。

——（菲律宾）何塞·黎萨尔

一个人一生必须艰苦跋涉，越过一大片土地贫瘠、地势险峻的原野，方能跨入现实的门槛。

——（英）毛姆

生活不能没有理想。应当有健康的理想，发自内心的理想，来自本国人民的理想。

——（保加利亚）季米特洛夫

思想是智慧的活动，梦想是妄念的活动。以梦想代思想，便是将毒物和食物混为一谈。

——（法）雨果

一首伟大的诗篇像一座喷泉一样，总是喷出智慧和欢愉的水花。

——（英）雪莱

我宁可做人类中有梦想和有完成梦想的愿望的、最渺小的人，而不愿做一个最伟大的无梦想、无愿望的人。

——（黎巴嫩）纪伯伦

只有同这个世界结合起来，我们的理想才能结出果实；脱离这个世界，理想就不结果实。

——（英）罗素

伟大的理想只有经过忘我的斗争才能胜利地实现。

——（意大利）乔万尼奥里

理想是指路明灯。没有理想，就没有坚定的方向；没有方向，就没有生活。

——（俄）列夫·托尔斯泰

希望是生命的源泉，失去它生命就会枯萎。

—— （美）富兰克林

在希望与失望的决斗中，如果你用勇气与坚决的双手紧握着，胜利必属于希望。

—— （古罗马）普利尼

如果能追随理想而生活，本着自由的精神、勇敢向前的毅力、诚实不自欺的思想而行，则定能臻于至美至善的境地。

—— （波兰）居里夫人

强烈的希望，比任何一种已实现的快乐，对人生具有更大的激奋作用。

—— （德）尼采

理想就是人在不断前进中所追求的坚定不移的范本。

—— （法）雨果

毫无理想而又优柔寡断是一种可悲的心理。　　 —— （英）培根

一个人，能充满信心地朝他理想的方向去做，下定决心过他想过的生活，他就一定会得到意外的成功。　　 —— （美）戴尔·卡内基

理想是人生的太阳。　　 —— （美）德莱塞

人类的心灵需要理想甚于需要物质。　　 —— （法）雨果

生活好比旅行，理想是旅行的路线，失去了路线，只好停止前进了。生活既然没有目的，精力也就枯竭了。　　 —— （法）雨果

生活中没有理想的人，是可怜的人。　　 —— （俄）屠格涅夫

理想失去了，青春之花也便凋零了，因为理想是青春的光和热。

——（法）罗曼·罗兰

理想，能给天下不幸者以欢乐。 ——（苏联）高尔基

当大自然剥夺了人类用四肢爬行的能力时，又给了他一根拐杖，这就是理想！ ——（苏联）高尔基

喷泉的高度不会超过它的源头；一个人的事业也是这样，他的成就决不会超过自己的信念。 ——（美）林肯

鸟要紧的是翅膀，人要紧的是理想。胸无理想，枉活一世。

——《古今贤文》

理想是世界的主宰。 ——（美）霍桑

梦想是愿望的一种实现。 ——（奥地利）弗洛伊德

有理想的人，生活总是火热的。 ——（苏联）斯大林

一个人的理想越崇高，生活越纯洁。 ——（爱尔兰）伏尼契

对我们帮助最大的，并不是朋友们的实际帮助，而是我们坚信得到他们的帮助的信念。 ——（古希腊）伊壁鸠鲁

信念！有信念的人经得起任何风暴。 ——（古罗马）奥维德

如果一个人不知道他要驶向哪个码头，那么任何风都不会是顺风。

——（古罗马）塞涅卡

忠实于理想——这是崇高而又有力的一种感情。

——（捷克）伏契克

志当存高远。

——（三国）诸葛亮

穷且益坚，不坠青云之志。

——（唐）王勃

英雄者，胸怀大志，腹有良谋，有包藏宇宙之机，吞吐天地之志也。

——（汉）曹操

人生在世，不出一番好议论，不留一番好事业，终日饱食暖衣，不所用心，与禽兽同。

——（宋）苏辙

学者须先立志。今日所以悠悠者，只是把学问不曾做一件事看，遇事则且胡乱恁地打过了，此只是志不立。

——（宋）朱熹

信仰是人们所必需的，什么也不信的人不会幸福。

——（法）雨果

一种理想，就是一种力！

——（法）罗曼·罗兰

愿望是半个生命，淡漠是半个死亡。

——（黎巴嫩）纪伯伦

不要在已成的事业中逗留。

——（法）巴斯德

对未来的真正慷慨，是把一切献给现在。

——（法）加缪

信仰是人类赖以生存的众多的力量之一，若是没有它，便意味着崩溃。

——（美）威廉·詹姆斯

以青春之我，创建青春之家庭，青春之国家，青春之人类，青春之地球，青春之宇宙，资以乐其无涯之生。乘风破浪，迢迢乎远矣，复何无计留春望尘莫及之忧哉。

——（德）歌德

理想会有反复，信仰坚定不移，事实一去就不复返。

——（德）歌德

是烈士创造了信仰，而不是信仰造就了烈士。

——（西班牙）乌纳穆诺

正义的事业能够产生坚定信念和巨大的力量。

——（英）富勒

人生不是一支短短的蜡烛，而是一支暂时由我们拿着的火炬。我们一定要把它燃得十分光明灿烂，然后交给下一代的人们。

——（英）萧伯纳

人不应该是插在花瓶里供人欣赏的静物，而是蔓延在草原上随风起舞的韵律，生命不是安排，而是追求，人的意义也许永远没有答案，但也要尽情感受这种没有答案的人生。

——（英）伍尔芙

你有信仰就年轻，疑惑就年老；有自信就年轻，畏惧就年老；有希望就年轻，绝望就年老；岁月使你皮肤起皱，但是失去了热忱，就损伤了灵魂。

——（美）卡耐基

我们若凭信仰战斗，就有双重的武装。

——（古希腊）柏拉图

不要把信仰悬挂在墙壁上。

——（法）巴尔扎克

一旦自私的幸福是人生的唯一目标，人生就会变得没有目标。

——（法）罗曼·罗兰

危险、怀疑和否定之海，围绕着人们的小小岛屿，而信念则鞭策人，使人勇敢面对未知的前途。 ——（印度）泰戈尔

我的人生哲学是工作，我要提示大自然的奥秘，并以此为人类造福。我们在世的短暂一生中，我不知道还有什么比这种服务更好的了。

——（美）爱迪生

信念，你拿它没办法，没有它什么也做不成。

——（英）塞缪尔·巴特勒

由百折不挠的信念所支持的人的意志，比那些似乎是无敌的物质力量具有更大的威力。 ——（美）爱因斯坦

我们要追求那真实的功业，要求追求对宇宙人生更深远的了解；要追求永远超过狭小生活圈子之外的更有用的东西。

——（法）罗曼·罗兰

不要企图无所不知，否则你将一无所知。

——（古希腊）德谟克利特

为了高尚的目标，多大的代价我也愿付出。

——（法）罗曼·罗兰

信仰不是一种学问。信仰是一种行为，它只在被实践的时候才有意义。 ——（法）罗曼·罗兰

最可怕的敌人，就是没有坚强的信念。

——（法）罗曼·罗兰

一个人如果胸无大志，即使再有壮丽的举动，也称不上是伟人。

——（法）拉罗什富科

怀疑与信仰，两者都是必需的。怀疑能把昨天的信仰摧毁，替明天的信仰开路。

——（法）罗曼·罗兰

志向和热爱是伟大行为的双翼。

——（德）歌德

信仰是个鸟儿，黎明还是黝黑时，就触着曙光而讴歌了。

——（印度）泰戈尔

生命的全部意义在于无穷地探索尚未知道的东西。

——（法）左拉

信仰是人生的动力。

——（俄）列夫·托尔斯泰

青春的思想愈被榜样的力量所激动，就愈会发出强烈的光辉。

——（苏联）法捷耶夫

年轻时代是培养习惯、希望及信仰的一段时光。

——（英）罗斯金

没有了希望，一个人就不能维持他的信仰，保守他的精神，或保全他的内心纯洁。

——（法）巴尔扎克

欲致鱼者先通水，欲致鸟者先树木。

——（汉）刘安

书不记，熟读可记；义不精，细思可精。惟有志不立，直是无着力处。

——（宋）朱熹

只要有所事事，有所追求，人就把握住了机运的车轮。

——（美）爱默生

凡事都要脚踏实地去工作，不驰于空想，不骛于虚声，而惟以求真的态度做踏实的功夫。以此态度求学，则真理可明，以此态度做事，则功业可就。

——李大钊

坚持对于勇气正如轮子对于杠杆，那是支点的永恒更新。

——（法）雨果

最糟糕的是人们在生活中经常受到错误志向的阻碍而不自知，真到摆脱了那些阻碍时才能明白过来。

——（德）歌德

天下绝无不热烈勇敢地追求成功，而取得成功的人。

——（法）拿破仑

世界上的事情永远不是绝对的，结果完全因人而异。苦难对于天才是一块垫脚石，对于能干的人是一笔财富，对于弱者是万丈深渊。

——（法）巴尔扎克

谁也不能为你建造一座你必须踏着它渡过生命之河的桥，除你自己之外没有人能这么做。尽管有无数肯载你渡河的马、桥和半神，但必须以你自己为代价，你将抵押和丧失你自己。

——（德）尼采

充满欢乐和斗争精神的人们，永远带着欢乐，欢迎雷霆与阳光。

——（英）赫胥黎

别人后退，我不退；别人前进，我更进。要攀登这座山的人，起初在下部是艰难的，越上升越没有痛苦，最后就和坐着顺流而下的小船一样。

——（意）但丁

要记住！情况越严重、越困难，就越需要坚定、积极、果敢，而越无为，就越有害。

——（俄）列夫·托尔斯泰

胜利者往往是从坚持最后五分钟的时间中得来成功。

——（英）牛顿

发愤忘食，乐以忘忧，不知老之将至。

——（春秋）孔子

故天将降大任于斯人也，必先苦其心志，劳其筋骨，饿其体肤，空乏其身，行拂乱其所为，所以动心忍性，增益其所不能。

——（战国）孟子

人应该进行超越能力的攀登，否则，天空的存在又有何意义？

——（美）勃朗宁

哪里有天才，我是把别人喝咖啡的工夫都用在工作上的。

——鲁迅

如果你希望成功，就以恒心为良友，以经验为参谋，以谨慎为兄弟吧。

——（美）爱迪生

有了天才不用，天才一定会衰退的，而且会在慢性的腐朽中归于消灭。

——（俄）克雷洛夫

踏上人生的旅途吧，前途很远，也很暗，然而不要怕，不怕的人前面才有路。

——鲁迅

在天才和勤奋两者之间，我毫不迟疑地选择勤奋，她几乎是世界上一切成就的催产婆。

——（德）爱因斯坦

我们应该有恒心，尤其要有自信心。

——（法）居里夫人

愿你有充分的忍耐去担当，有充分单纯的心去信仰。请你相信，无论如何，生活是合理的。

——（奥地利）里尔克

你的负担将变成礼物，你受的苦将照亮你的路。

——（印度）泰戈尔

有想法还远远不够，没有行动，想法也不过是幻想。

——（美）爱迪生

没有加倍的勤奋，就既没有才能，也没有天才。

——（俄）门捷列夫

天才的作品是用眼泪灌溉的。

——（法）巴尔扎克

人的天赋就像火花，它既可以熄灭，也可以燃烧起来。而逼使它燃烧成熊熊大火的方法只有一个，就是劳动，再劳动。

——（苏联）高尔基

最大的天才尽管朝朝暮暮躺在青草地上，让微风吹来，眼望着天空，温柔的灵感也始终不光顾他。

——（德）黑格尔

富人如果把金钱放在你手中，你不要对这点恩惠太看重；因为圣人曾经这样教诲：勤劳远比黄金可贵。

——（波斯）萨迪

人们在那里高谈阔论着天气和灵感之类的东西，而我却像首饰匠打金锁链那样精心的劳动着，把一个个小环非常合适地连接起来。

——（德）海涅

人能为自己心爱的工作贡献出全部力量、全部精力、全部知识。那么这项工作将完成得出色，收效也很大。

——（苏联）奥勃鲁契夫

累累的创伤，就是生命给你的最好东西，因为在每个创伤上面都标志着前进的一步。

——（法）罗曼·罗兰

凡在小事上对真理持轻率态度的人，在大事上不可信任的。

——（美）爱因斯坦

我以为人们在每一时期都可以过有趣而有用的生活，我们应该不虚度一生，应该能够说"我已经做了我能做的事"。人们只能要求我们如此，而且只有这样我们才能有一点快乐。 ——（法）居里夫人

谁虚度年华，青春就会褪色，生命就会抛弃他们。

——（法）雨果

天才就是无止境刻苦勤奋的能力。 ——（英）卡莱尔

世间没有一种具有真正价值的东西，可以不经过艰苦辛勤劳动而能够得到的。 ——（美）爱迪生

如果你颇有天赋，勤勉会使其更加完美；如果你能力平平，勤勉会补之不足。 ——（英）雷诺兹

勤劳的人会有各种幸运，懒惰的人则只有一种不幸。

——芬兰谚语

只要拥有目标、汗水和毅力，迟早有一天会蒙受上帝的眷顾。

——（美）玛格丽特·米切尔

涓滴之水终可磨损大石，不是由于它力量大，而是由于昼夜不舍的滴坠。

——（德）贝多芬

我越来越相信，创造美好的代价是，努力、失望及毅力。首先是疼痛，然后才是欢乐。

——（荷兰）梵高

只有通过黑夜的道路，人们才会到达黎明。

——黎巴嫩箴言

积极进取是人生之要务。

——（英）塞缪尔·约翰逊

人的潜能就像一种力量强大的动力，有时候它爆发出来的能量会让人人吃一惊。

——（德）歌德

没有一定的目标，智慧就会丧失；哪儿都是目标，哪儿就都没有目标。

——（法）蒙田

如果我们选择一种能够对人类做最大贡献的职业，那么，我们就不会感到负担太重，因为这是为一切人而牺牲。

——（德）马克思

生命诚可贵，爱情价更高。若为自由故，二者皆可抛。

——（匈牙利）裴多菲

选择你所爱的，爱你所选择的。

——（德）尼采

科学只把最高的恩典赐给专心致志地献身于科学的人。

——（德）费尔巴哈

没有人会选择孤立状况的整个世界，因为人是政治生物，他的本性要求与他人一起生活。 ——（古希腊）亚里士多德

要想一下子全知道，就意味着什么也不会知道。

——（俄）巴甫洛夫

现实是此岸，理想是彼岸。中间隔着湍急的河流，行动则是架在川上的桥梁。 ——（俄）克雷洛夫

我们不能等待自然的恩赐，向自然索取是我们的任务。

——（苏联）米丘林

正确的道路是这样的：吸取你的前辈所做的一切，然后再往前走。

——（俄）列夫·托尔斯泰

不要选择房屋，而要选择邻居。 ——日本箴言

在知识的山峰上登得越高，眼前展现的景色就越壮阔。

——（俄）拉吉舍夫

人们说生命是很短促的，我认为是他们自己使生命那样短促的。

——（法）卢梭

伟大的思想只有被付诸于行动，才能成为壮举。

——（英）赫兹里特

每天务必做一点你所不愿意做的事情，这是一条最宝贵的准则，它可以使你养成认真尽责而不以为苦的习惯。

——（美）马克·吐温

我们是青年，不是畸人，也不是愚人，应当给自己把幸福争过来。

——（俄）屠格涅夫

鼓励自己的最好办法，就是鼓励别人。

——（美）马克·吐温

知耻近乎勇。

——（春秋）孔子

阳光所照之处，便是我安身立命之地。

——（美）布雷兹特利特

走得最慢的人，只要他不丧失目标，也比漫无目的徘徊的人走得快。

——（德）莱辛

无论何时只要可能，你就应该模仿你自己，成为你自己。

——（美）莫尔斯

不论担子有多沉重，任何人都能撑到日暮；不论工作有多艰辛，任何人都能做完一天。

——（英）史蒂文森

不要让自己老是觉得委屈，顾影自怜。成功是由那些具有积极心态的人取得的，并由那些积极心态努力不懈的人所保持的。

——（美）拿破仑·希尔

生命有如铁钻，愈被敲打，愈能发出火花。

——（意）伽利略

不要着急，最好的总会在不经意的时候出现。

——（印度）泰戈尔

耐心比头脑更重要。 ——荷兰箴言

过去属于死神，未来属于你自己。 ——（英）雪莱

冬天已经到来，春天还会远吗？ ——（英）雪莱

生于忧患，死于安乐。 ——（战国）孟子

一年之计，莫如树谷；十年之计，莫如树木；终身之计，莫如树人。

——（春秋）管仲

试玉要烧三日满，辨才须待七年期。 ——（唐）白居易

在行进时，也时时有人退伍，有人落荒，有人颓唐，有人叛变；然而只要无碍于进行，则越到后来，这队伍也就越成为纯粹、精锐的队伍了。 ——鲁迅

单是说不行，要紧的是做。 ——鲁迅

成功＝艰苦的劳动＋正确的方法＋少谈空话。

——（美）爱因斯坦

成功是结果，而不是目的。 ——（法）福楼拜

灵感不过是"顽强的劳动而获得的奖赏"。 ——（俄）列宾

坚持意志伟大的事业，需要始终不渝的精神。

——（法）伏尔泰

登高必自卑，自视太高不能达到成功，因而成功者必须培养泰然心态，凡事专注，这才是成功的要点。 ——（美）爱迪生

成功的秘诀，在于永不改变既定的目标。 ——（法）卢梭

成功与失败的分水岭，可以用这五个字来回答，我没有时间。

——（美）富兰克林

要做一番伟大的事业，总得在青年时代开始。

——（德）歌德

从容不迫地谈理论是一回事，把思想付诸行动又是一回事。

——（法）罗曼·罗兰

我唯一的希望就是多有贡献。 ——（加拿大）白求恩

失败者一大弱点在于放弃，成功的必然之路就是不断重来一次。

——（美）爱迪生

成功的第一个条件是真正的谦虚，对自己的一切敝帚自珍的成见，只要看出同真理冲突，都愿意放弃。 ——（英）斯宾塞

最有希望的成功者，并不是才干出众的人，而是那些最善于利用时机去努力开拓的人。 ——（古希腊）苏格拉底

一个不注意小事情的人，永远不会成就大事业。

——（美）卡耐基

在任何一个成功的后面都有着十五年到二十年的生活经验，都有着丰富的生活经验，要是没有这些经验，任何才思敏捷恐怕也不会有，而且在这里，恐怕任何天才也都无济于事。 ——（苏联）巴甫连科

成功是垫脚石，即使不量倒影，人站在上面也会显得高大。

——（瑞典）诺贝尔

天才是百分之一的灵感，百分之九十九的血汗。

——（美）爱迪生

我没有什么特别的才能，不过喜欢寻根刨底地追究问题罢了。

——（美）爱因斯坦

天才就是这样，终身努力，便成天才。 ——（俄）门捷列夫

假如没有热情，世界上任何伟大的事业都不会成功。

——（德）黑格尔

只有那些躺在坑里从不仰望高处的人，才会没有出头之日。

——（德）黑格尔

无论你从什么时候开始，重要的是开始后就不要停止；无论你从什么时候结束，重要的是结束后就不要悔恨。

——（古希腊）柏拉图

我主要关心的，不是你是不是失败了，而是你对失败是不是甘心。

——（美）林肯

挫折可以增长经验，经验能够丰富智慧。 ——英国谚语

无论何事，只要对它有无限的热情就能取得成功。

——（德）施瓦布

失败也是我需要的，他和成功对我一样有价值。

——（美）爱迪生

我们命定的目标和道路不是享乐，也不是受苦，而是行动，在每个明天，都超越今天，跨出新步。

——（美）亨利·华兹华斯·朗费罗

推动你的事业，不要让事业推动你。　　　——（美）富兰克林

人的思想是了不起的，只要专注于某一项事业，就一定会做出使自己感到吃惊的成绩。　　　——（美）马克·吐温

不因幸运而故步自封，不因厄运而一蹶不振。

——（挪威）易卜生

如果你怀疑自己，那么你的立足点确实不稳固了。

——（挪威）易卜生

当你的希望一个个落空，你也要坚定，要沉着！

——（美）朗费罗

要想获得一种见解，首先就需要劳动，自己的劳动，自己的首创精神，自己的实践。　　　——（俄）陀思妥耶夫斯基

青春的光辉，理想的钥匙，生命的意义，乃至人类的生存、发展，全包含在这两个字之中——奋斗！　　　——（德）马克思

弓弦拉得越紧，生命之箭射得越远。 ——（法）罗曼·罗兰

青春是一个短暂的美梦，当你醒来时，它早已消失无踪。
                                          ——（英）莎士比亚

失去金钱的人损失甚少，失去健康的人损失极多，失去勇气的人损失一切。我们的恐惧总较我们的危险多。 ——（古罗马）塞尼加

一个羞赧的失败，比一个骄傲的成功还要高贵。
                                          ——（黎巴嫩）纪伯伦

我很相信运气，事实上我发现我越努力，我的运气越好。
                                          ——（美）托马斯·杰斐逊

律己 · 修德 · 责任

第五编

身不修则德不立，德不立而能化成于家者盖寡矣，而况于天下乎。　　——（唐）武则天

用百人之所能，则得百人之力；举千人之所爱，则得千人之心。　　——《淮南子》

家俭则兴，人勤则健，能勤能俭，永不贫贱！　　——（清）曾国藩

不患位之不尊，而患德之不崇。

——（汉）张衡

唯贤唯德，能服于人。　　——（三国）刘备

君子上交不谄，下交不渎。　　——《周易》

其身正，不令而行；其身不正，虽令不从。

——《论语》

诚者，天之道也；思诚者，人之道也。 ——《孟子》

不知戒，后必有。恨后遂过不肯悔，谗夫多进。 ——《荀况》

欲思其利，必虑其害；欲思其成，必虑其败。

——（三国）诸葛亮

不戚戚于贫贱，不汲汲于富贵。 ——（晋）陶渊明

与其浊富，宁比清贫。 ——（唐）姚崇

人之大节一亏，百事涂地。 ——（唐）刘因

廉洁自持，忠信是仗，苟有获戾，神其可罔！

——（唐）柳宗元

若安天下，必须先正其身。未有身正而影曲，上治而下乱者。

——（唐）吴兢

为人纯正，可以安定天下。 ——（唐）吴兢

以言责人甚易，以义持己实难。 ——（宋）苏辙

以令率人，不若身先。 ——（宋）欧阳修

廉者足而不忧，贪者忧而不足。 ——（宋）司马光

贤而多财，则损其志；愚而多财，则益其过。且夫富者众之怨也，
吾既无以教化子孙，不欲益其过而生怨。 ——（宋）司马光

不信不立，不诚不行。

——（宋）晁说之

以诚感人者，人亦诚而应。

——（宋）程颐

但得官清吏不横，便是村中歌舞时。

——（宋）陆游

赏必当功，罚必当罪。

——（宋）吕祖谦

欲人勿恶，必先自美；欲人勿疑，必先自信。

——（明）冯梦龙

见富贵而生谄容者，最可耻；遇贫穷而作骄态者，贱莫甚。

——（明）朱柏庐

克己改过，自利利人。

——（明）洪应明

富贵一时，名节千古。

——（清）张廷玉

静坐常思己过，闲谈莫论人非。

——（清）金缨

人家是说了再做，我是做了再说；人家说了也不一定做，我是做了
也不一定说。

——闻一多

好习惯的养成在于不受坏习惯的诱惑。

——阿拉伯谚语

如果是不该做的，不要做；如果是不真实的，不要说；要控制住自
己的冲动。

——（古罗马）玛克斯·奥勒留

谁若想在困厄时得到援助，就应在平时待人以宽。

——（波斯）萨迪

失足，你可能马上站立；而失信，你将永难挽回。

——（美）富兰克林

宁可滑了脚，也不要滑了嘴。 ——（美）富兰克林

人的理性粉碎了迷信，而人的感情也将摧毁利己主义。

——（德）海涅

自由不是你想干什就干什么，而是你想不干什么就有能力不干什么。 ——（德）康德

财富应当用正当的手段去谋求，应当慎重地使用，应当慷慨地用以济世，而到临死之时应当无留恋地与之分手，当然也不必对财富故作蔑视。 ——（英）培根

走正直诚实的生活道路，必定会有一个问心无愧的归宿。

——（苏联）高尔基

没有诚实，何来尊严？ ——（古罗马）西塞罗

人们必须有法律并且遵守法律，否则他们的生活就像是最野蛮的兽类一样。 ——（古希腊）柏拉图

自由是做法律所许可的一切事情的权利。如果一个公民能做法律所禁止的事情，他就不再自由了，因为其他人也同样会有这个权利。

——（法）孟德斯鸠

失去了诚信，就等同于敌人毁灭了自己。

——（英）莎士比亚

诚实是人生的命脉，是一切价值的根基。　　　　——（美）德莱塞

仇恨平息不了仇恨，谬误纠正不了谬误，它们只会仇上加仇，错上加错。　　　　　　　　　　　　　　　　　　——（英）乔叟

生气，就是用别人的过错来惩罚自己。　　　　——（德）康德

不要说谎，不要害怕真理。　　　　——（俄）列夫·托尔斯泰

坦白是诚实和勇敢的产物。　　　　——（美）马克·吐温

做好事的乐趣乃是人生唯一可靠的幸福。
　　　　　　　　　　　　　　　　——（俄）列夫·托尔斯泰

在男人身上，智慧和教养最要紧，漂亮不漂亮，对他来说倒算不了什么。要是你头脑里没有教养和智慧，那你哪怕是美男子，也还是一钱不值。　　　　　　　　　　　　　　　　　　——（俄）契诃夫

一个人严守诺言，比守卫他的财产更重要。
　　　　　　　　　　　　　　　　　　——（法）莫里哀

君子成人之美，不成人之恶。小人反是。　　　　——《论语》

人不知而不愠，不亦君子乎。　　　　——《论语》

君子谋道不谋食。君子忧道不忧贫。　　　　——《论语》

人之有德于我也，不可忘也；吾有德于人也，不可不忘也。
　　　　　　　　　　　　　　　　　　——《战国策》

至人无己，神人无功，圣人无名。 ——《庄子》

无偏无党，王道荡荡。 ——《尚书》

君子不失足于人，不失色与人，不失口于人。 ——《礼记》

岁寒然后知松柏之后凋也。 ——《论语》

夫诚者，君子之所守也，而政事之本也。 ——《荀子》

太上修德，其次修政，其次修救，其次修禳，正下无之。

——（汉）司马迁

不知而不疑，异于己而不非者，公于求善也。 ——《战国策》

君子不以私害公。 ——（汉）韩婴

以家为家，以乡为乡，以国为国，以天下为天下。

——《管子》

公成大功者不小苟。 ——《说苑》

君子交绝，不出恶声。 ——《战国策》

公正无私，一言而万民齐。 ——《淮南子》

良将不怯死以苟免，烈士不毁节以求生。 ——《三国志》

尽公者，政之本也；树私者，乱之源也。 ——（唐）房玄龄心无私欲，自然会刚；心无邪曲，自然会正。

——（清）陆陇其

不忧一家寒，所忧四海饥。 ——（清）魏源

人必其自爱也，然后人爱诸。人必其自敬也，然后人敬之。

——（汉）扬雄

怒不变容，喜不失节，故是最为难。 ——《三国志》

毁人者，自毁之；誉人者，自誉之。 ——（唐）皮日休

人之为善，百善而不足；人之为不善，一不善而足。

——（南宋）杨万里

为人但知足，何处不安身？ ——（元）耶律楚材

大丈夫当容人，勿为人所容。 ——（元）王恽

善欲人见，不是真善；恶恐人知，便是大恶。

——（清）朱柏庐

勿贪意外之财，勿饮过量之酒。 ——（清）朱柏庐

身无道德，虽吐词为经，不可以信。 ——（清）魏源

积善之家，必有余庆，积不善之家，必有余殃。 ——《易经》

知我者谓我心忧，不知我者谓我何求？ ——《诗经》

德之不修，学之不讲，闻义不能徙，不善不能改，是吾忧也。

——《论语》

自天子以至于庶人，一是皆以修身为本。　　——《礼记》

君子之修身也，内正其心，外正其容。　　——（宋）欧阳修

满招损，谦受益。　　——《尚书》

君子义以为质，礼以行之，孙以出之，信以成之。

——《论语》

君子以俭德辟难，不可荣以禄。　　——《易经》

温而历，威而不猛，恭而安。　　——《论语》

金玉满堂，莫之能守，富贵而骄，自遗其咎。　　——《道德经》

夫子温、良、恭、俭、让以得之。　　——《论语》

不蔽人之善，不言人之恶。　　——《战国策》

人之所以为贵，以其有信有礼；国之所以能强，亦云惟佳信与义。

——（唐）张九龄

息阴无恶木，饮水必清源。　　——（唐）王维

源洁则流清，行端则影直。　　——（唐）王勃

历览前贤国与家，成由勤俭败由奢。 ——（唐）李商隐

修身絜行，言必由绳墨。 ——（宋）王安石

正心以为本，修身以为基。 ——（宋）司马光

博观而约取，厚积而薄发。 ——（宋）苏轼

守口如瓶，防意如城；宁可人负我，切莫我负人。

——（宋）周密

是非只为多开口，烦恼皆因强出头。 ——（元）孟汉卿

路径窄处，留一步与人行；滋味浓时，减三分让人尝。

——《菜根谭》

人品火锻，事功冰履。 ——《菜根谭》

修身以不护短为第一长进。 ——（明）吕坤

一粥一饭，当思来之不易；半丝半缕，恒念物力维艰。

——（明）朱柏庐

再三须慎意，第一莫欺心。 ——《增广贤文》

怕事忍事不生事自然无事；平心静心不欺心何等放心！

——《增广贤文》

以责人之心责己，以恕己之心恕人。 ——《增广贤文》

凡是自是，便少一是；有短护短，更添一短。

——《增广贤文》

人之心胸，多欲则窄，寡欲则宽。　　　　——（清）金缨

春风大雅能容物，秋水文章不染尘。　　　　——（清）邓石如

好说己长便是短，自知己短便是长。　　　　——（清）申居郧

君子处事也，甘恶衣粗食，甘艰苦劳动，斯可以无失矣。

——（清）颜元

不骄方能师人之长，而自成其学。　　　　——（清）谭嗣同

当我们大为谦卑的时候，便是我们最近于伟大的时候。

——（印）泰戈尔

真正的谦虚只能是实对虚荣心进行深思以后的产物。

——（法）伯格森

在人生的道路上能谦让三分，即能天宽地阔，消除一切困难，解除一切纠葛。　　　　——（美）卡内基

要评判美，就要有一个有修养的心灵。　　　　——（德）康德

一个人就好像是一个分数，他的实际才能好比分子，而他对自己的估价就好比分母，分母愈大则分数的值愈小。

——（俄）列夫·托尔斯泰

我不知道在别人看来我是什么样的人，但在我自己看来，不过就像是一个在海边玩耍的小孩，为不时发现比寻常更为光滑的一块卵石或比寻常更为美丽的一片贝壳而沾沾自喜，而对展现在我面前浩瀚的真理的海洋，却全然没有发现。

——（英）牛顿

谦逊是美德的色彩。

——（古希腊）泰奥格尼斯

我不应把我的作品全归功于自己的智慧，还应归功于我以外、向我提供素材的成千上万的事情和人物。

——（德）歌德

一个骄傲的人，结果总是在骄傲中毁灭了自己。

——（英）莎士比亚

人不可有傲气，但不可无傲骨。

——徐悲鸿

礼貌使有礼貌的人喜悦，也使那些受到人家礼貌相待的人们喜悦。

——（法）孟德斯鸠

无知的人总以为他所知道的事情很重要，应该见人就讲。但是一个有教养的人，是不轻易炫耀他肚子里的学问的，他可以讲很多东西，但他认为还有许多东西是他讲不好的。

——（法）卢梭

有文化教养的人能在美好的事物中发现美好的含义。这是因为这些美好的事物里蕴藏着希望。

——（英）王尔德

有学问而无道德，如一恶汉；有道德而无学问，如一鄙夫。

——（美）罗斯福

控制自己的欲望，认识自己的无知，做自己的主人。

——（古希腊）苏格拉底

修养之于心地，其重要犹如食物之于身体。

——（古罗马）西塞罗

要是您想达到你的目的，你得用温和一点的态度同人说话。

——（英）莎士比亚

礼貌是最容易做到的事，也是最珍贵的东西。

——（乌克兰）冈察尔

我只知道一件事，那就是什么都不知道。

——（古希腊）苏格拉底

苟志于仁矣，无恶也。 ——《论语》

仁远乎哉？我欲仁，斯仁至矣。 ——《论语》

为政以德，譬如北辰，居其所而众星共之。 ——《论语》

君子所以异于人者，以其存心也。君子以仁存心，以礼存心。仁者爱人，有礼者敬人。爱人者，人恒爱之；敬人者，人恒敬之。

——《孟子》

不累于俗，不饰于物。 ——《庄子》

君子赠人以言，庶人赠人以财。 ——《荀子》

淫慢则不能励精，险躁则不能冶性。年与时驰，意与日去，遂成枯落，多不接世，悲守穷庐，将复何及！ ——（三国）诸葛亮

毋傲吝，毋荒怠，毋奢越，毋嫉妒。疑思问，言思审，行思恭，服
思度。　　　　　　　　　　　　　　　　　　　　　　——《魏书》

吾家风教，素为整密，昔在龆龀，便蒙诱悔。

　　　　　　　　　　　　　　　　　　　　——（北齐）颜之推

赐以优言，问所好尚，励短引长，莫不恳笃。

　　　　　　　　　　　　　　　　　　　　——（北齐）颜之推

才者，德之资也；德者，才之帅也。……德胜才，谓之君子；才胜
德，谓之小人。　　　　　　　　　　　　　　　——（宋）司马光

为政之要，曰公与清；成家之道，曰俭与勤。

　　　　　　　　　　　　　　　　　　　　　——（宋）李帮献

毋说谎，毋贪利，毋任性，毋尚气。　　　　——（明）王守仁

宁直见伐，无为曲全；宁渴而死，不饮盗泉。

　　　　　　　　　　　　　　　　　　　　　——（明）王廷陈

传家有道惟存厚，处事无奇但率真。　　　——（清）曾国荃

青年时期是豁达的时期，应该利用这个时期养成自己豁达的性格。

　　　　　　　　　　　　　　　　　　　　　　——（英）罗素

美德不是装饰品，而是美好心灵的表现形式。

　　　　　　　　　　　　　　　　　　　　　　——（法）纪德

具有才能的人总是善良的，坦白的，爽直的决不矜持。

　　　　　　　　　　　　　　　　　　　　——（法）巴尔扎克

在一切道德品质之中，善良的本性是在世界上最需要的。

——（英）罗素

品质如同一棵大树，而名誉则像树荫；树荫是我们想要的，而大树才是真实存在的。

——（美）林肯

朴素为英雄之本色。

——（英）麦考莱

凡是与虚伪相矛盾的东西都是极其重要而且有价值的。

——（苏联）高尔基

虚伪永远不能凭借它生长在权利中而变成真实。

——（印度）泰戈尔

懒惰是很奇怪的东西，它使你以为那是安逸、是休息、是福气；但实际上它所给你的是无聊、是倦怠、是消沉；它剥夺你对前途的希望，割断你和别人之间的友情，使你心胸日益狭窄，对人生也越来越怀疑。

——（法）罗曼·罗兰

生命不可能从谎言中开出灿烂的鲜花。　　　——（德）海涅

心灵纯洁的人，生活充满甜蜜和喜悦。

——（俄）列夫·托尔斯泰

人要是惧怕痛苦，惧怕种种疾病，惧怕不测的事情，惧怕生命的危险和死亡，他就什么也不能忍受了。　　　——（法）卢梭

人的成就不在于他是否达到了自己的目标，而在于他如何向目标迈进。

——（哈萨克斯坦）阿拜·库南巴耶夫

说谎话的人所得到的，就是即使说了真话也没有人相信。

——（古希腊）伊索

根本不该为取悦别人而使自己失敬于人。 ——（法）卢梭

劳动受人推崇。为社会服务是很受人赞赏的道德理想。

——（美）杜威

没有伟大的品格，就没有伟大的人，甚至也没有伟大的艺术家、伟大的行动者。 ——（法）罗曼·罗兰

人在智慧上应当是明豁的，道德上应该是清白的，身体上应该是清洁的。 ——（俄）契诃夫

良心是由人的知识和全部生活方式来决定的。

——（德）马克思

真诚才是人生最高的美德。 ——（英）乔叟

美德好比宝石，它在朴素背景的衬托下反而更华丽。同样，一个打扮并不华贵，却端庄严肃而有美德的人，是令人肃然起敬的。

——（英）培根

要使人成为真正有教养的人，必须具备三个品质：渊博的知识、思维的习惯和高尚的情操。知识不多，就是愚昧；不习惯思维，就是粗鲁和蠢笨；没有高尚的情操，就是卑俗。

——（俄）车尔尼雪夫斯基

理智的人使自己适应这个世界，不理智的人却硬要世界适应自己。

——（英）萧伯纳

一个知识不全的人可以用道德去弥补，而一个道德不全的的人却难以用知识去弥补。

——（意）但丁

绝不要陷于骄傲。因为一骄傲，你们就会在应该同意的场合固执起来；因为一骄傲，你们就会拒绝别人的忠告和友谊的帮助；因为一骄傲，你们就会丧失客观标准。

——（俄）巴甫洛夫

对所有人以诚相待，同多数人和睦相处，和少数人常来常往，只跟一个人亲密无间。

——（美）富兰克林

德性就是知识，或美德即知识，愚昧是罪恶之源，无知即罪恶。

——（古希腊）苏格拉底

唯有理智最为可贵。

——（古希腊）苏格拉底

生活的情况越艰难，我越感到自己更坚强，甚而也更聪明。

——（苏联）高尔基

你若是失去了财产，你只失去了一点儿；你若是失去了荣誉，你就失去了许多；你若是失去了勇敢，你就把一切都失去了！

——（德）歌德

节约与勤勉是人类的两大名医。

——（法）卢梭

生活在群众之中时，应以为上帝在监视你；对上帝说话时，应以为群众在监视你。

——（古罗马）辛尼加

真实与朴实是天才的宝贵品质。

——（俄）斯坦尼斯拉夫斯基

真正的英雄不是永远没有卑下的情操，只是永远不被卑下的情操所屈服罢了。

——（法）罗曼·罗兰

一切美德都是由于放弃自我而完成的。 ——（法）纪德

品德，应该高尚些；处世，应该坦率些；举止，应该礼貌些。

——（法）孟德斯鸠

道德是真理之花。 ——（法）雨果

美德是智力最高的证明。 ——（英）约翰生

品行是一个人的守护神。 ——（希腊）赫拉克利特

单纯的才智不能代替道德上的正直。 ——（美）爱因斯坦

德惟善政，政在养民。 ——《尚书》

尊贤育才，以彰有德。 ——《孟子》

人固有一死，或重于泰山，或轻于鸿毛，用之所趋异也。

——（汉）司马迁

鞠躬尽瘁，死而后已。 ——（三国）诸葛亮

奉先思孝，处下思恭；倾己勤劳，以行德义。

——（唐）李世民

疾风知劲草，板荡识诚臣。 ——（唐）李世民

先天下之忧而忧，后天下之乐而乐。　　　　——（宋）范仲淹

威与信并行，德与法相济。　　　　　　　　——（宋）苏轼

守职而不废，处义而不回。　　　　　　　　——（宋）张商英

入则恳恳以尽忠，出则谦谦以自悔。　　　　——（元）张养浩

行事见于当时，是非公于后世。　　　　　　——（明）朱元璋

公则生明，廉则生威。　　　　　　　　　　——（清）朱舜水

千金在手，一尘不染；身无分文，心忧天下。

　　　　　　　　　　　　　　　　　　　　——（清）李惺

大事难事看担当，逆境顺境看襟度。临喜临怒看涵养，群行群止看识见。　　　　　　　　　　　　　　　——（清）山阴金

在世一日，要做一日好人；为官一日，要行一日好事。

　　　　　　　　　　　　　　　　　　　　——（清）金兰生

厚者不毁人以自益也，仁者不危人以要名。

　　　　　　　　　　　　　　　　　　　　——（清）杜文澜

人生须知负责任的苦处，才能知道尽责任的乐趣。

　　　　　　　　　　　　　　　　　　　　——（清）梁启超

在生活中是没有旁观者的，我爱生活并且为它战斗。

　　　　　　　　　　　　　　　　　　　　——（捷克）伏契克

先生不应该专教书，他的责任是教人做人；学生不应该专读书，他的责任是学习人生之道。

——陶行知

爱所有人，信任少数人，不负任何人。 ——（英）莎士比亚

历史上把那些为共同目标工作因而自己变得高尚的人，称为最伟大的人物；经验赞美那些为大多数人带来幸福的人，是最幸福的人。

——（德）马克思

我有我的人格、良心，不是钱能买的。我的音乐，要献给祖国，献给劳动人民大众，为拯救民族危机服务。 ——冼星海

做了好事受到指责而仍坚持下去，这才是奋斗者的本色。

——（法）巴尔扎克

人类似忽有这样的倾向，建立一项规则叫别人遵守，同时又极力使自己成为例外，不受它的约束。 ——（法）卢梭

如果人仅仅为自己劳动，也许它能够成为著名的学者、伟大的智者、卓越的诗人，但是他也永远也不能成为真正完善和真正伟大的人。

——（德）马克思

世界上有许多事情必须做，但你不一定喜欢做，这就是责任的涵义。 ——（德）马克思

一个国家伟不伟大、道德水准高不高，可以从它对待动物的方式评断出来。 ——（印度）甘地

每一个人都应该有这样的信心：人所能负的责任，我必能负；人所

不能负的责任，我亦能负。如此，你才能磨炼自己，求得更高的知识而进入更高的境界。

——（美）林肯

伟大的事业，需要决心、能力、组织和责任感。

——（挪威）易卜生

劳动是社会中每个人不可避免的义务。　　——（法）卢梭

社会犹如一条船，每个人都要有掌舵的准备。

——（挪威）易卜生

人生有如一块用善与恶的丝线交织成的布：我们的善行必须受我们过失的鞭挞，我们的罪恶却又赖善行把它掩盖。

——（英）莎士比亚

我们不是为自己而生，我们的国家赋予我们应尽的责任。

——（古罗马）西塞罗

我们应该不虚度一生，应该能够说："我已经做了我能做的事。"

——（法）居里夫人

我们为祖国服务，也不能都采用同一方式，每个人应该按照资禀，各尽所能。　　　　　　　　　　　　——（德）歌德

一个人若是没有热情，他将一事无成，而热情的基点正是责任心。

——（俄）列夫·托尔斯泰

要使一个人显示他的本质，叫他承担一种责任是最有效的办法。

——（英）毛姆

真的算得勇敢的人是那个最了解人生的幸福和灾患，然后勇往直前，担当起将来会发生的事故的人。　　　　　　——（古希腊）伯利克里

不学礼，无以立。　　　　　　　　　　　　　　　　——《论语》

己所不欲，勿施于人。　　　　　　　　　　　　　　——《论语》

善气迎人，亲如弟兄；恶气迎人，害于戈兵。　　　——《管子》

凡人之所以贵于禽兽者，以有礼也。　　　　　——《晏子春秋》

人无礼则不生，事无礼则不成，国无礼则不宁。　　——《荀子》

衣食以厚民生，礼义以养其心。　　　　　　　　——（元）许衡

一个人的力量是很难应付生活中无边的苦难的。所以，自己需要别人帮助，自己也要帮助别人。　　　　　　——（奥地利）茨威格

在这个世界上，能为别人减轻负担的人都是有用的。
　　　　　　　　　　　　　　　　　　　　——（英）狄更斯

不知道他自己的人的尊严，他就完全不能尊重别人的尊严。
　　　　　　　　　　　　　　　　　　　　　——（德）席勒

人应尊敬他自己，并应自视能配得上最高尚的东西。
　　　　　　　　　　　　　　　　　　　　——（德）黑格尔

推一个人，不如拉一个人；讨厌一个人，不如同情一个人。

谁自重，谁就会得到尊重。　　　　　　　　——（法）巴尔扎克

自尊自爱，作为一种力求完善的动力，是一切伟大事业的渊源。

　　　　　　　　　　　　　　　　　　　——（俄）屠格涅夫

无论是别人在跟前或者自己单独的时候，都不要做一点卑劣的事情，最要紧的是自尊。　　　　　——（古希腊）毕达哥拉斯

凡事只要看得淡些，就没有什么可忧虑的了；只要不因愤怒而夸大事态，就没什么事情值得生气的了。　　　——（俄）屠格涅夫

要尊重儿童，不要急于对他作出或好或坏的评判。

　　　　　　　　　　　　　　　　　　　　——（法）卢梭

没有人因为知道了善而不向善的。　　——（古希腊）苏格拉底

善良的行为有一种好处，就是使人的灵魂变得高尚了。

　　　　　　　　　　　　　　　　　　　　——（法）卢梭

真诚帮助你的朋友，是对他最大的尊重。　　——（波斯）萨迪

要尊重每一个人，不论他是何等的卑微与可笑。要记住活在每个人身上的是和你我相同的性灵。　　　　　　——（德）叔本华

对于应尊重的事物，我们应当或是缄默不语，或是大加称颂。

　　　　　　　　　　　　　　　　　　　　——（德）尼采

君子坦荡荡，小人长戚戚。　　　　　　　　　——《论语》

不为不可成，求不可得；不处不可久，不行不可复。

——《管子》

江海所以能成为百谷之王者，以其善下之。 ——《道德经》

言不信者，行不果。 ——《墨子》

富贫常交替，诚信久安宁。 ——（汉）王符

别裁伪体亲风雅，转益多师是汝师。 ——（唐）杜甫

诚信为人之本。 ——鲁迅

真诚是一种心灵的开放。 ——（法）拉罗什富科

最常见的勇气就是在日常生活中做到诚实和正直，能够抵制诱惑，敢于讲真话，表现自己真实的一面，而不要虚伪造作。

——（美）奥里森·马登

诚实是智慧之书的第一章。 ——（美）杰斐逊

强者容易坚强，正如弱者容易软弱。 ——（美）爱默生

走自己的路，让别人去说吧。 ——（意）但丁

君子以厚德载物。 ——《易经》

以直报怨，以德报德。 ——《论语》

宽则得众。 ——《论语》

宽以济猛，猛以济宽，宽猛相济。 ——《左传》

礼让一寸，得礼一尺。 ——（汉）曹操

太刚则折，至察无徒。 ——《晋书》

不责人所不及，不强人所不能，不苦人所不好。

——（隋）王通

君子扬人之善，小人讦人之恶。 ——（唐）魏征

事不三思终有悔，人能百忍自无忧。 ——（明）冯梦龙

不责人小过，不发人阴私，不念人旧恶，三者可以养德，也可以远害。

——（明）洪应明

毋以小嫌疏至戚，毋以新怨忘旧恩。 ——（清）金缨

动辄生气和发怒，是放纵和缺少教养的表现。

——（古希腊）普鲁塔克

去做你害怕的事，害怕自然就会消失。 ——（美）爱默生

勇气是智慧和一定程度的教养的必然结果。

——（俄）列夫·托尔斯泰

脚步不能到达的地方，眼光可以到达；眼光不能到达的地方，精神
可以到达。 ——（法）雨果

生活中只有一种英雄主义，那就是在认清生活真相之后依然热爱生活。

——（法）罗曼·罗兰

无取民者，民利之；无取国者，国利之；无取天下者，天下利之。

——《六韬》

天下非一人之天下，乃天下人之天下也。　　　——《六韬》

民为邦本，本固邦宁。　　　　　　　　　　——《尚书》

君子不自大其事，不自尚其功。　　　　　　——《礼记》

不亲于民而求用焉，人必违之。　　　　　　——《国语》

苟利国家，不求富贵。　　　　　　　　　　——《礼记》

不能治其民，而能强兵者，未之有也。　　　——《管子》

临患不忘国，忠也。　　　　　　　　　　　——《左传》

乐民之乐者，民亦乐其乐；忧民之忧者，民亦忧其忧。

——《孟子》

长太息以掩涕兮，哀民生之多艰。　　——（战国）屈原

小人谋身，君子谋国，大丈夫谋天下。　——（战国）鬼谷子

公天下之身，公天下之物，其惟圣人矣。　　——《列子》

亦余心之所善兮，虽九死其犹未悔。伏清白以死直兮，固前圣之所厚。

——（战国）屈原

民为贵，社稷次之，君为轻。

——《孟子》

天地与我并生，而万物与我为一。

——《庄子》

怒不过夺，喜不过予。

——《荀子》

所贵圣人之治，不贵其独治，贵其能与众共治。

——（战国）尹文子

常思奋不顾身，而殉国家之急。

——（汉）司马迁

治国之道，富民为始。

——（汉）司马迁

自古至于今，与民为仇者，有迟有速，而民必胜之。

——（汉）贾谊

财聚则民散，财散则民聚。

——（汉）戴圣

爱国如饥渴。

——（汉）班固

民伤则离散，农伤则国贫。

——（汉）班固

投死为国，以义灭身。

——（汉）曹操

捐躯赴国难，视死忽如归。

——（三国）曹植

烈士之爱国也如家。 ——（晋）葛洪

不私其身，处天下以至公。 ——（晋）郭璞

安得广厦千万间，大庇天下寒士俱欢颜，风雨不动安如山。

——（唐）杜甫

商女不知亡国恨，隔江犹唱《后庭花》。 ——（唐）杜牧

凡吏于土者，若知其职乎？盖民之役，非以役民而已也。

——（唐）柳宗元

天下之政，非贤不理；天下之业，非贤不成。

——（唐）陈子昂

谁知盘中餐，粒粒皆辛苦。 ——（唐）李绅

朱门酒肉臭，路有冻死骨。 ——（唐）杜甫

穷年忧黎元，叹息肠内热。 ——（唐）杜甫

愿得此身长报国，何须生入玉门关。 ——（唐）戴叔伦

黄沙百战穿金甲，不破楼兰终不还。 ——（唐）王昌龄

医得眼前疮，剜却心头肉。 ——（唐）聂夷中

达人无不可，忘己爱苍生。 ——（唐）王维

昔贤多使气，忧国不谋身。 　　　　　　　　——（唐）刘禹锡

为国不可以生事，亦不可以畏事。 　　　　　　——（宋）苏轼

为政之道，以顺民心为本；以厚民生为本，以安而不扰民为本。

　　　　　　　　　　　　　　　　　　　　——（宋）程颐

忧国者不顾其身，爱民者不罔其上。 　　　　　——（宋）林逋

欲将血泪寄山河，去洒东山一抔土。 　　　　　——（宋）李清照

臣心一片磁针石，不指南方不肯休。 　　　　　——（宋）文天祥

人生自古谁无死，留取丹心照汗青。 　　　　　——（宋）文天祥

人之命在元气，国之命在人心。 　　　　　　　——（宋）杨万里

死去原知万事空，但悲不见九州同。王师北定中原日，家祭毋忘告
乃翁。 　　　　　　　　　　　　　　　　　——（宋）陆游

自古天下离合之势常系乎民心，民心叛服之由实基与喜怒。

　　　　　　　　　　　　　　　　　　　　——（宋）辛弃疾

夜视太白收光芒，报国欲死无战场！ 　　　　——（宋）陆游

位卑未敢忘忧国，事定犹须待阖棺。 　　　　——（宋）陆游

宁公而贫，不私而富。 　　　　　　　　　　——（元）张养浩

早岁哪知世事艰，中原北望气如山。　　　　　　——（明）陆游

但愿苍生俱饱暖，不辞辛苦出山林。　　　　　　——（明）于谦

功成弗居，贤将所难。　　　　　　　　　　　　——（明）李贽

瞒人之事弗为，害人之心弗存，有益国家之事虽死弗避。
　　　　　　　　　　　　　　　　　　　　　　——（明）吕坤

民安足遂心中愿，年壮何妨到处家。　　　　　　——（明）于谦

不为外憾，不以物移，而后可以任天下大事。
　　　　　　　　　　　　　　　　　　　　　　——（明）吕坤

从来治国者，宁不忘渔樵。　　　　　　　　　　——（明）谢榛

天下之治乱，不在一姓之兴亡，而在万民之忧乐。
　　　　　　　　　　　　　　　　——（明末清初）黄宗羲

天下顺治在民富，天下和静在民乐，天下兴行在民趋于正。
　　　　　　　　　　　　　　　　　　　　　　——（明）王廷相

寸寸山河寸寸金。　　　　　　　　　　　　　　——（清）黄遵宪

天下兴亡，匹夫有责。　　　　　　　　　　　　——（清）顾炎武

身无半文，心忧天下；破书万卷，神交故人。
　　　　　　　　　　　　　　　　　　　　　　——（清）左宗棠

不能胜寸心，安能胜苍穹？ ——（清）龚自珍

欲任天下之重任，必自其勤问访始。 ——（清）魏源

何时睹澄清，一洒民生艰？ ——（清）梁启超

金瓯已缺总须补，为国牺牲敢惜身。 ——（清）秋瑾

君子或出或处，可以不见用，用必措天下于治安。
——（清）戴震

浩荡离愁白日斜，吟鞭东指即天涯。落红不是无情物，化作春泥更护花。 ——（清）龚自珍

唯公则生明，唯廉则生威。 ——（清）石成金

唯有民魂是值得宝贵的，唯有他发扬起来，中国才有真进步。
——鲁迅

恨不抗日死，留作今日羞。国破尚如此，我何惜此头。
——吉鸿昌

假如我是有一些能力的话，我就有义务把它献给祖国。
——（瑞典）林奈

我所谓共和国里的美德，是指爱祖国、也就是爱平等而言。这并不是一种道德上的美德，也不是一种基督教的美德，而是政治上的美德。
——（法）孟德斯鸠

我是你的，我的祖国！都是你的，我的这心、这灵魂；假如我不爱你，我的祖国，我能爱哪一个人？ ——（匈牙利）裴多菲

为祖国而死，那是最美的命运啊！ ——（法）大仲马

只有热爱祖国，痛心祖国所受的严重苦难，憎恨敌人，这才给了我们参加斗争和取得胜利的力量。 ——（俄）阿·托尔斯泰

我无论做什么，始终在想着，只要我的精力允许我的话，我就要首先为我的祖国服务。 ——（俄）巴甫洛夫

热爱自己的祖国是理所当然的事。 ——（德）海涅

一般就在部分之中，谁不属于自己的祖国那么他也就不属于人类。 ——（俄）别林斯基

爱国主义的力量多么伟大呀！在它面前，人的爱生之念，畏苦之情，算得是什么呢！在它面前，人本身也算得是什么呢！ ——（俄）车尔尼雪夫斯基

为了国家的利益，使自己的一生变为有用的一生，纵然只能效绵薄之力，我也会热血沸腾。 ——（俄）果戈理

纵使世界给我珍宝和荣誉，我也不愿离开我的祖国，因为纵使我的祖国在耻辱之中，我还是喜欢、热爱、祝福我的祖国！ ——（匈牙利）裴多菲

不能不热爱祖国……但是这种爱不应该消极地满足于现状，而应该是生气勃勃地希望改进现状，……并尽自己的力量来促进这一点。 ——（俄）别林斯基

我愿用我全部的生命，从事研究科学，来贡献给生育我、栽培我的祖国和人民。

——（俄）巴甫洛夫

真正的爱国主义不应表现在漂亮的话上，而应该表现在为祖国谋福利的行动上。

——（俄）杜勃罗留波夫

爱国主义就是千百年来巩固起来的对自己祖国的一种最深厚的感情。

——（苏联）列宁

虚荣的人注视着自己的名字；光荣的人注视着祖国的事业。

——（古巴）马蒂

科学是没有国界的，因为她是属于全人类的财富，是照亮世界的火把，但学者是属于祖国的。

——（法）巴斯德

我赞美目前的祖国，更要三倍地赞美它的将来。

——（俄）马雅可夫斯基

爱国主义是一种生动的集体责任感。

——（英）奥尔丁顿

自己国家的谷糠，比他国的小麦都香。

——叙利亚箴言

爱国主义就是千百年来巩固起来的对自己祖国的一种深厚的感情。

——（苏联）列宁

铁肩担道义，妙手着文章。

——李大钊

人生最高之理想，在求达于真理。

——李大钊

横眉冷对千夫指，俯首甘为孺子牛。 　　　　　　　　——鲁迅

人背信则名不达。 　　　　　　　　——（汉）刘向

人有厚德，无问其小节；而有大誉，无疵其小故。
　　　　　　　　——（汉）刘安

人之所助在信，信之所本在诚。 　　　　——（宋）宋祁

真情常在，虚脾终败。 　　　　　　——（元）张养浩

信人者，人未必尽诚，已则独诚矣；疑人者，人未必皆诈，已则先
诈矣。 　　　　　　　　——《菜根谭》

诚实无悔，宽恕无怨，和睦无仇，容忍无辱。
　　　　　　　　——（清）曾国藩

虚伪的真诚，比魔鬼更可怕。 　　——（印度）泰戈尔

肯讲真话，敢驳假话，不说谎话。 　　　——陶行知

虚伪永远不能凭借它生长在权力中而变成真实。
　　　　　　　　——（印度）泰戈尔

诚实是一个人得以保持的最高尚的东西。 　——（英）乔叟

缺乏自信的人最稳当的选择是保持沉默。
　　　　　　　　——（法）拉罗什富科

优雅之于身体，犹如良知之于思想。 ——（法）拉罗什富科

让我们最生气的是：那些对我们耍手腕的人常常自以为比我们聪明。 ——（法）拉罗什富科

失足，你可以马上恢复站立，失信，你也许永难挽回。

——（美）富兰克林

人的第一天职是什么？答案很简单，不伪饰自己。

——（挪威）易卜生

质朴比巧妙的语言更能打动我的心。 ——（英）莎士比亚

我要求别人诚实，我自己就得诚实。

——（俄）陀思妥耶夫斯基

诚实的人从不为自己的诚实而感到后悔。

——（英）托·富勒

诚实的人必须对自己守信，他最后的靠山就是真诚。

——（美）爱默生

一个人要表现最高的真诚，就必须做到无事不可对人言。

——（印度）泰戈尔

如果要别人诚信，首先自己要诚信。 ——（英）莎士比亚

人对真理是冰，对虚伪却是火。 ——（法）拉·封丹

诚实比一切智谋更好，而且它是智谋的基本条件的。

—— （德）康德

遵守诺言就像保卫你的荣誉一样。 —— （法）巴尔扎克

守信胜过有名气。 —— （美）罗斯福

嬉笑是虚伪的舞台，真理是严肃的。 —— （法）司汤达

别因为鳄鱼流了眼泪就跟他交朋友。 —— 马来西亚箴言

谎言有基础，看起来也像真相。 —— 以色列箴言

习惯不加以抑制，不久它就会变成你生活上的必需品了。

—— （古罗马）奥古斯丁

向人借钱和向人索爱一样，不可强求。 —— 以色列箴言

一半真相无异于彻头彻尾的谎言。 —— 以色列箴言

没有一种罪恶比虚伪和背义更可耻了。 —— （英）培根

防止自己受人支配要比防止自己去支配别人更难。

—— （法）拉罗什富科

可能有虚伪的谦虚，但绝没有虚伪的骄傲。

—— （法）朱尔·勒纳尔

当我们还在帮助别人的时候，是不会碰到忘恩负义者的。

—— （法）拉罗什富科

嘲笑别人的人比受辱的人还要更不体面。

——（法）拉罗什富科

在很多人眼里，有良知的人不过是那些意见和我们一致的人。

——（法）拉罗什富科

在这个世界上的众多事务中，人们所以得到拯救，并非由于忠诚，而是由于缺乏忠诚。

——（美）富兰克林

虚伪喜欢躲藏在最高尚的思考之中。它从来企图脱离思考，因为思考能使它不费吹灰之力就获得高尚的美名。

——（爱尔兰）埃德蒙·伯克

虚伪鼓动我们把自己的罪恶用美德外衣掩盖起来，企图避免别人的责难。

——英国箴言

蚜虫吃青草，锈吃铁，虚伪吃灵魂。

——俄罗斯箴言

实用的知识只有通过亲身体验才能学到。

——（英）斯迈尔斯

真实的暗疾是渺小，而伟大的暗疾则是虚伪。　——（法）雨果

没有一种遗产能像诚实那样丰富的了。　——（英）莎士比亚

以为人人都正直，那是愚蠢的；以为根本没有正直的人，尤其愚蠢。

——（美）约翰·亚当斯

你若对自己诚实，日积月累，就无法对别人不忠了。

——（英）莎士比亚

人告之以有过，则喜。 ——《孟子》

善罪身者，民不得罪也；不能罪身者，民罪之。 ——《管子》

不应该追求一切种类的快乐，应该只追求高尚的快乐。

——（古希腊）德谟克利特

和蔼可亲的态度是永远的介绍信。 ——（英）培根

世上美有两种：一种令人笑，一种令人疼，二者皆可断肠。

——（英）伍尔芙

外貌美只能取悦一时，内心美方能历久弥新。

——（德国）歌德

美貌倘若生于一个品德高尚的人身上，当然是很光彩的；品行不端的人在它面前，便要自惭形秽，远自遁避了。 ——（英）培根

理想的人物不仅要在物质需要的满足上，还要在精神旨趣的满足上得到表现。 ——（德）黑格尔

可以从外表的美来评价一朵花或一只蝴蝶，但不能这样评价一个人。

——印度箴言

第六编

感恩·珍惜·幸福

投我以木瓜，报之以琼瑶。　　——《诗经》

天之道，其犹张弓与？高者抑之，下者举之；有余者损之，不足者补之。

——（春秋）老子

上善若水。水善利万物而不争，处众人之所恶，故几于道。居善地，心善渊，与善仁，言善信，政善治，事善能，动善时。夫唯不争，故无尤。

——（春秋）老子

爱人者，人恒爱之。　　——（战国）孟子

心如规矩，志如尺衡，平静如水，正直如绳。

——（汉）严遵

名声之善恶存乎人。　　——（唐）韩愈

受恩深处宜先退，得意浓时便可休。

——《增广贤文》

善事可做，恶事莫为；许人一物，千金不移。

——《增广贤文》

羊有跪乳之恩，鸦有反哺之义。 ——《增广贤文》

资财不能永有，冠冕岂能存到万代。 ——（以色列）所罗门王

美是一种善，其所以引起快感，正因为它善。

——（古希腊）亚里士多德

一句温暖的话，暖和了漫长的冬天。 ——日本谚语

哀伤可以自持，然而想充分享受快乐，就必须与人分享。

——（美）马克·吐温

只有善良的人才有朋友。 ——（法）伏尔泰

吃水果，要记得谁种的树；喝到干净的水，要记得是谁挖的井。

——越南箴言

不管一个人取得多么值得骄傲的成绩，都应该饮水思源，应该记住
是自己的老师为他们的成长播下了最初的种子。

——（法）居里夫人

我认为善的定义就是有利于人类。 ——（英）培根

同情是一切道德中最高的美德。 ——（英）培根

怀着善意的人，是不难于表达他对人的礼貌的。

——（法）卢梭

慈善是高尚人格的真实标记。　　　　　——（英）莎士比亚

德行善举是唯一不败的投资。　　　　　——（美）梭罗

善不是一种学习，而是一种行为。　　　——（法）罗曼·罗兰

富有的众生也有缺乏之苦，那就是精神上的空虚。

——（英）丘吉尔

世界上的一切光荣和骄傲，都来自母亲。　——（苏）高尔基

善良和谦虚是永远不应令人厌恶的两种品德。

——（英）史蒂文森

我们的德行尚不能推及他人，那就等于没有一样。

——（英）莎士比亚

宁可贫乏而有德，不愿巨富而犯罪。　　　——（意）但丁

为了保证你的灵魂得到永恒的休息，比较好的办法是对人家宽容
慷慨。　　　　　　　　　　　　　　　　——（法）大仲马

财富的用处是消费，而消费的目的是为了光荣或善举。

——（英）培根

仁慈始于家庭，但不应当止于家庭。　　　——（法）福莱

私利是人间善良与真诚之敌。　　　　　　　　　　　——罗兰

越是善良的灵魂，越是对造物者有至高的敬意。　　——罗兰

只要能培一朵花，就不妨做做会朽的腐草。　　　　——鲁迅

春是自然界一年中的新生季节，而人生的新生季节，就是一生只有一度的青春。　　　　　　　　　　　　　　——（古罗马）西塞罗

青春是人生最快乐的时光，但这种快乐往往是因为它充满着希望。
　　　　　　　　　　　　　　　　　　　　　　——（英）卡莱尔

当一个人把植物和动物的生命看得与她的生命同样重要时，他才是一个真正有道德的人。　　　　　　　　　　　——（法）史怀泽

我们往往只欣赏自然，很少考虑与自然共生存。
　　　　　　　　　　　　　　　　　　　　　　——（英）王尔德

童年原是一生最美妙的阶段，那时的孩子是一朵花，也是一颗果子，是一片朦朦胧胧的聪明，一种永远不息的活动，一股强烈的欲望。
　　　　　　　　　　　　　　　　　　　　　——（法）巴尔扎克

要使生如夏花之绚烂，死如秋叶之静美。
　　　　　　　　　　　　　　　　　　　　——（印度）泰戈尔

花园里长出的东西不全是园丁播种的。　　　　——西班牙箴言

蝴蝶常常忘了它出身于毛虫。　　　　　　　　——瑞典箴言

没有饭吃，蝗虫也是可口之物。 ——马达加斯加箴言

彩虹出现如果不是免费的，人们会觉得更美。 ——荷兰箴言

不患其不富，患其亡厌。 ——（东汉）班固

人寿几何？逝如朝霜。时无重至，华不再阳。 ——（晋）陆机

敢于浪费哪怕一个钟头时间的人，说明他还不懂得珍惜生命的全部价值。 ——（英）达尔文

忘记今天的人将被明天忘记。 ——（德）歌德

世界就这么不完美，你想得到些什么就不得不失去些什么。
——（古希腊）柏拉图

当许多人在一条路上徘徊不前时，他们不得不让开一条大路，让那珍惜时间的人赶到他们的前面去。 ——（古希腊）苏格拉底

愿你们每天都愉快的生活，不要等到日子过去了才找到他们的可爱之处。 ——（法）居里夫人

幸福永远存在于人类不安的追求中，而不存在于和谐与稳定之中。
——鲁迅

幸福生长在我们自己的火炉边，而不能从别人的花园中采得。
——（英）杰罗尔德

幸福生于"知忧"，祸患起于"逸乐"。 ——（美）富兰克林

人必须生活着，爱才有所附丽。　　　　　　　　　　——鲁迅

快乐可依靠幻想，幸福却要依靠实际。　　　　　——（法）尚福尔

幸福是太多与太少之间的一站。　　　　　　　——（法）波洛克

当我们还买不起幸福的时候，我们决不应该走得离橱窗太近，盯着幸福出神。　　　　　　　　　　　　　　　　——（英）莎士比亚

只要你有一件合理的事去做，你的生活就会显得特别美好。
　　　　　　　　　　　　　　　　　　　　——（美）爱因斯坦

任何幸福都不会十分纯粹，多少总会掺杂着一些悲哀。
　　　　　　　　　　　　　　　　　——（西班牙）塞万提斯

人生至高无上的幸福，莫过于确信自己被人所爱。
　　　　　　　　　　　　　　　　　　　　——（法）雨果

幸福本身就是长期的忍耐。　　　　　　　　　——（法）加缪

人生的钟摆永远在两极中摆晃，幸福也是其中一极；要使钟摆停止在它的一极上，只能把钟摆折断。　　　　　——（法）罗曼·罗兰

人类一切努力的目的在于获得幸福。　　　　　——（英）欧文

如果我们不能建筑幸福的生活，我们就没有任何权力享受幸福；这正如没有创造财富就无权享受财富一样。　　——（英）萧伯纳

一个人能真正静下来的，属于自己的，不受外界干扰的时候，是一种难得的幸福。　　　　　　　　　　——（法）罗曼·罗兰

能使你所爱的人快乐，是世界上最大的幸福。

——（法）罗曼·罗兰

青春终究是幸福，因为它有未来。 ——（俄）果戈里

在生活中是没有旁观者的。我爱生活，并且为他战斗。

——（捷克）伏契克

当你能够感觉你愿意感觉的东西，能够说出你所感觉到的东西的时候，这是非常幸福的时候。 ——（古罗马）塔西佗

人活着的第一要务就是要使自己幸福。 ——（德）费尔巴哈

能把自己生命的终点和起点联结起来的人是最幸福的人。

——（德）歌德

生命并没有价值，除非你选择并赋予它价值。没有哪一个地方有幸福，除非你为自己带来幸福。 ——（美）梭罗

幸福时代的到来，不会像睡了一宵就是明天那样。

——（德）布莱希特

对于平凡人来说，平凡就是幸福。 ——（德）尼采

只有经过泪水浇灌的土地，才能收获幸福。 ——菲律宾箴言

幸福就是身体的无痛苦和灵魂的无困扰。

——（古希腊）伊壁鸠鲁

爱一个人意味着什么呢？这意味着为他的幸福而高兴，为使他能够更幸福而去做需要做的一切，并从这当中得到快乐。

——（俄）车尔尼雪夫斯基

严肃的人的幸福，并不在于风流、娱乐与欢笑这种种轻佻的伴侣，而在于坚忍与刚毅。 ——（古罗马）西塞罗

幸福没有明天，也没有昨天，它不怀念过去，也不向往未来；它只有现在。 ——（俄）屠格涅夫

乐趣乃是人生唯一可靠的幸福。 ——（俄）列夫·托尔斯泰

幸福不是一件容易的事，她很难求之于自身，但要想在别处得到则不可能。 ——（法）尚福尔

如果接收幸福的态度不正确，即使置身于幸福环境中，也会离幸福越来越远。 ——（美）富兰克林

第七编

沟通·启迪·觉悟

赠人以言，重于珠玉；伤人以言，重于剑戟。

——（春秋）孙子

百行之本，一言也。一言而适，可以却敌；一言而得，可以保国。

——（汉）刘向

恶言不出于口，忿言不反于身。

——（汉）戴圣

辨者，求服人心也，非屈人口也。

——（汉）王充

临觞赠一言，此言真可宝。

——（唐）白居易

惠言若黄金。 ——（唐）储光羲

临行而思，临言而择。 ——（宋）王安石

一言为重万金轻。　　　　　　　　　　　　　　──（宋）王安石

以迈往之气，行正大之言。　　　　　　　　　　──（宋）苏轼

言语之恶莫大于造诬，行事之恶莫大于苛刻，心术之恶莫大于
深险。　　　　　　　　　　　　　　　　　　　──（明）吕坤

发言须句句有着落为好。人于忙处，言或妄发，所以有悔。
　　　　　　　　　　　　　　　　　　　　　　──（明）薛瑄

语言切勿刺入骨髓，戏谑切勿中人心病。　　　　──（清）陆陇其

语言是一块琥珀，许多珍贵和绝妙的思想一直安全地保存在里面。
　　　　　　　　　　　　　　　　　　　　　　──（英）特伦奇

逢人且说三分话，未可全抛一片心。　　　　　　──《增广贤文》

讲真话是演说家的美德。　　　　　　　　──（古希腊）柏拉图

语言表达能力的高低直接关系到一个人立世和处事的成败。
　　　　　　　　　　　　　　　　　　　　　　──（英）丘吉尔

语言只是一种工具，通过它，我们的意愿和思想才能得到交流，它
是我们灵魂的解释者。　　　　　　　　　　　　──（法）蒙田

我不会再吝惜我的称赞。　　　　　　　　　　　──（英）惠灵顿

语言不是蜜，但它可以粘住一切。　　　　　　　──俄罗斯民谚

意见不一致可以据理力争，但不要恶语相向。
　　　　　　　　　　　　　　　　　　　　　　──（法）伏尔泰

舌头尽管不是铁，却能砸死人。 ——英国谚语

对粗鲁的话莫生气，对温柔的话莫投降。 ——俄罗斯谚语

发生在成功人物身上的奇迹，至少有一半是由口才创造的。

——（美）汤姆士

诽谤者的舌头害了三个人：说的人、听的人和被说的人。

——（英）彼德

有长久的经验，才有简洁的语言。 ——（西班牙）塞万提斯

只听恭维话，等于只长了一只耳朵。 ——泰国箴言

要学会讲演，就必须固执地、一个劲地让自己出丑，直到娴熟
为止。 ——（英）萧伯纳

把语言化为行动比把行动化为语言困难得多。

——（苏联）高尔基

做演讲，不应以长度充数，而应以深度服人。

——（法）孟德斯鸠

"急不择言"的病源，并不在没有想的功夫，而在有功夫的时候没
有想。 ——鲁迅

喋喋不休的人，就像一只漏水的船，每个乘客都想赶快逃离它。

——（美）西蒙斯

小心眼的人，舌头却比较大。 ——意大利谚语

跟你嚼舌根的人，也会说你的闲话。　　　　　　　——朝鲜箴言

说话周到比雄辩好，措辞适当比恭维好。　　　　——（英）培根

在一切使人喜悦的艺术中，说话的艺术占第一位，只有通过它才能使被习惯化的感观获得新的乐趣。　　　　　　——（法）卢梭

一个人怎么说话，说什么话，毫无例外地显示着他的品味。
　　　　　　　　　　　　　　　　　　　　　　——（美）希尔顿

良言一句三冬暖，恶语伤人六月寒。　　　　　　——中国谚语

不必说而说是多说，多说招怨；不当说而说是瞎说，瞎说惹祸。
　　　　　　　　　　　　　　　　　　　　　　　——美国谚语

多门之室生风，多言之人生祸。　　　　　　　　——中国谚语

别让你的舌头抢先你的思考。　　　　——（古希腊）德谟克利特

说出来的话就相当于鸡蛋，它们一旦被孵化，就会长出翅膀。
　　　　　　　　　　　　　　　　　　　　　——马达加斯加箴言

谈话有一种魅力，就像爱情和醇酒，神不知鬼不觉地就能诱使我们说出自己的秘密。　　　　　　　　　　　——（古罗马）塞涅卡

谚语可以体现一个民族的创造力、智慧和精神。
　　　　　　　　　　　　　　　　　　　　　　　——（英）培根

舌为利害本，嘴为福祸门。　　　　　　　　　　——中国谚语

假如有什么成功秘诀的话，就是设身处地替别人着想，了解别人的态度和观点。　　　　　　　　　　　　　——（美）亨利·福特

聪明的人，借助经验说话；而更聪明的人，根据经验不说话。

——古希腊谚语

人有两耳双目，只有一舌，因此应多听多看少说。

——（古希腊）苏格拉底

人类在相互交往中寻求安慰、价值和保护。　　——（英）培根

"辩才"是一种将真理转化为语言的能力，而所使用的语言又能让聆听者完全理解。　　　　　　　　　　　　　　　——爱默生

有许多隐藏在心中的秘密都是通过眼睛被泄露出来的，而不是通过嘴巴。　　　　　　　　　　　　　　　　　　　　　——爱默生

一场争论可能是两个心灵之间的捷径。　　　　　　——纪伯伦

语言是工具、武器，人们利用它来互相交际，交流思想，达到互相了解。　　　　　　　　　　　　　　　　——（苏联）斯大林

做一个好听众，鼓励别人说说他们自己。　　　　　——卡耐基

与人交谈一次，往往比多年闭门劳作更能启发心智。思想必定是在与人交往中产生，而在孤独中进行加工和表达。

——列夫·托尔斯泰

把自己体验到的感情传达给别人，而使别人为这感情所感染，也体验到这些感情。　　　　　　　　　——（俄）列夫·托尔斯泰

躬自厚，而薄责于人，则远怨矣。　　　　　——（春秋）孔子

知人者智，自知者明。　　　　　　　　　——（春秋）老子

纸上得来终觉浅，绝知此事要躬行。

——（宋）陆游

贤内忠言实难求，板桥做事理不周。屠夫势利虽可恶，为官不应记私仇。

——（清）郑板桥

对众人一视同仁，对少数人推心置腹，对任何人不要亏负。

——（英）莎士比亚

思考是人类最大的乐趣。

——（德）布莱希特

并不是我们喜欢一件事情就可以把它做好，而是我们在做的时候学会了喜欢它。

——（英）丘吉尔

懂得换位思考，能真正站在他人的立场上看待问题、考虑问题，并能切实帮助他人解决问题，这个世界就是你的。

——（美）拿破仑·希尔

处人不可任己意，要悉人之情；处事不可任己见，要悉事之理。

——（明）吕坤

何以息世之争，曰退曰让；何以坚我之骨，曰忍曰慈。

——（明）余绍祉

苦斗了十年，对抗着自己。不能把自己当作敌人，我们怎么能胜利？

——（法）罗曼·罗兰

没有原则的人不会得到尊重。

——冰岛箴言

有人生来伟大，有人变得伟大，有人的伟大是强加的。

——（英）莎士比亚

一个有良知而纯洁的人，觉得人生是一件甜美而快乐的事。

——（俄）列夫·托尔斯泰

你之所恨和你之所爱，印证着你之为人。　　　——印度箴言

不要花时间在一个不愿花时间在你身上的人。　　　——印度箴言

我们教孩子生活意味着什么，孩子教我们什么意味着生活。

——印度箴言

如果我们自身毫无缺点的话，就不会以如此大的兴趣去注意别人的缺点。　　　　　　　　　　　　　　　——（法）拉罗什富科

知之者不如好之者，好之者不如乐之者。　　——（春秋）孔子

莫愁前路无知己，天下谁人不识君。　　　　　——（唐）高适

沉舟侧畔千帆过，病树前头万木春。　　　　——（唐）刘禹锡

乐人之乐，人亦乐其乐；忧人之忧，人亦忧其忧。

——（唐）白居易

人有悲欢离合，月有阴晴圆缺，此事古难全。

——（宋）苏轼

山穷水尽疑无路，柳暗花明又一村。　　　　　——（宋）陆游

最明亮的欢乐火焰大概是由意外的火花点燃的。人生道路上不时散发出芳香的花朵，也是由偶然落下的种子自然生长出来的。

——（英）塞缪尔·约翰逊

真正的快乐是对生活的乐观，对工作的愉快，对事业的兴奋。

——（美）爱因斯坦

心中有痛苦，嘴里含糖也不会甜。　　　　——以色列箴言

有些人因为贪婪，想得到更多的东西，却把现在所有的也失掉了。

——（古希腊）伊索

无所事事并非宁静，心灵的空洞就是心灵的痛苦。

——（美）库柏

很多人是用青春的幸福做成功的代价的。

——（奥地利）莫扎特

快乐既然是人类和兽类所共同追求的东西，所以从某种意义上说，它就是最高的善。　　　　　　　——（古希腊）亚里士多德

在这个世界上，除了阳光、空气、水和笑容，我们还需要什么呢？

——（古希腊）苏格拉底

在你发怒的时候，要紧闭你的嘴，免得增加你的怒气。

——（古希腊）苏格拉底

快乐的秘诀是：让兴趣尽可能地扩张，对人对物的反应尽可能出自善意而不是恶意的兴趣。　　　　　　　——（英）罗素

一个人也许会相信许多废话，却依然能以一种合理而快乐的方式安排他的日常工作。　　　　　　　——（英）诺曼·道格拉斯

所谓内心的快乐，是一个人过着健全的、正常的、和谐的生活所感到的喜悦。　　　　　　　——（法）罗曼·罗兰

各人有各人理想的乐园，有自己所乐于安享的世界，朝自己所乐于追求的方向去追求，就是你一生的道路，不必抱怨环境，也无须艳羡别人。

——（法）罗曼·罗兰

要想别人快乐，自己先得快乐。要把阳光散布到别人的心田里，先得自己心里有阳光。

——（法）罗曼·罗兰

快乐是一种奢侈。若要品尝它，绝不可缺的条件是心无不安。心若不安，即使稍受威胁，快乐就立刻烟消云散。　　——（法）司汤达

不要让你的悲伤高过你的膝盖。

——瑞典箴言

快乐没有本来就是坏的，但是有些快乐的产生者却带来了比快乐大许多倍的烦扰。　　　　　　　　——（古希腊）伊壁鸠鲁

人有所犹，固有所劣；人有所工，固有所拙。

——（汉）张衡

盖聪明疏通者戒于无断，湛静安舒者戒于后时，广心浩大者戒于遗忘。　　　　　　　　　　　　　　——（汉）张衡

天下事常成于困约而败于奢靡。　　　　——（宋）陆游

不可以一时之誉，断其为君子；不可以一时之谤，断其为小人。

——（明）冯梦龙

有过是一过，不认又一过；一认则两过无，不认则两过不免。

——（明）吕坤

贪心好比一个套结，把人的心越套越紧，结果把理智闭塞了。

——（法）巴尔扎克

当缺点放弃我们时，我们还自以为是我们抛弃了缺点。

——（法）拉罗什富科

别人的过失在眼前，自己的过失在背后。　　　　——法国箴言

我的生活经验使我深信，没有缺点的人往往优点也很少。

——（美）林肯

许多人在重组自己的偏见时，还以为自己是在思考。

——（美）卡耐基

人们之所以寂寞，是因为他们不去修桥，反而筑墙将自己围堵起来。

——（美）爱默生

劳动是幸福的左手，节约是幸福的右手。　　——阿拉伯箴言

任何问题都有解决的办法，无法可想的事是没有的，要是你果真弄到无法可想的地步，那也只能怨自己是笨蛋，是懒汉。

——（美）爱迪生

如果问在人生中最重要的才能是什么？那么回答则是：第一，无所畏惧；第二，无所畏惧；第三，还是无所畏惧。　　——（英）培根

人是一种力量和软弱，光明和盲目，渺小和伟大的复合体。

——（法）狄德罗

给自己唱赞歌的人听众不会多。　　　　——马来西亚民谚

不要在自己身上评价别人的衣服。　　　　——马来西亚民谚

当信用消失的时候，肉体也就没有生命了。

——（俄）契诃夫

我们经常解决不了我们自己用思维方式创造出来的问题。

——（美）爱因斯坦

幻觉不是你的错，在幻觉中做决定，这就是你的不对了。

——（英）罗素

幽默不是一种心情，而是一种观察世界的方式。

——（英）维特根斯坦

只有美貌而缺乏修养的人是不值得赞美的。　　——（英）培根

虽然人生有时太残酷，自然的美却是始终如一的。

——（美）德莱塞

岁时你不漂亮，可以怪罪于父母没有遗传好的容貌；但岁了依然不漂亮，就只能责怪自己；因为在那漫长的日子里，你没有往生命里注入新的东西。　　　　　　　　　　　　　　　——（法）居里夫人

世界上只有一种真正的英雄主义，那就是在认识生活的真相后依然热爱生活。　　　　　　　　　　　　　　——（法）罗曼·罗兰

要摘取果子的人必须爬上树。　　　　　　　　——（英）富勒

由感觉产生一切信任，一切坦然的心境，一切真理的证据。

——（德）尼采

那个叫喊得最凶和发誓得最厉害的人，正是希望把最坏的货物推销出去的人。　　　　　　　　　　　　　　　——（苏联）列宁

一两重的真诚，等于一吨重的聪明　　　　——德国箴言

123

诚实不须假手笔墨，美丽不须假手粉黛。

——（英）莎士比亚

用师者王，用友者霸，用徒者亡。　　　　　——（春秋）曾子

尽己而不以尤人，求身而不以责下。　　　　——（唐）魏征

人之洗濯其心以去恶，如沐浴其身以去垢。　——（宋）朱熹

行高人自重，不必其貌之高；才高人自服，不必其言之高。

——（宋）袁采

常问路的人不会迷失方向。　　　　　　　　——波兰箴言

今天应该做的事没做，明天再早也是耽误了。

——（瑞士）裴斯泰洛齐

将自己陷于罪恶中的人是常人，为自己的罪过烦忧的人是圣贤，夸耀自己的罪过的人是魔鬼。　　　　　　　——（英）富勒

只有捧在手里的水，才能解自己的渴。　　——索马里箴言

一个人感到害羞的事越多，就越值得尊敬。

——（英）萧伯纳

凡是与虚伪相矛盾的东西都是极其重要且有价值的。

——（苏联）高尔基

整个人生就是思想与劳动，劳动虽然是默默无闻的、平凡的，却是不能间断的。　　　　　　　　　　　——（俄）冈察洛夫

一个人的活动，如果不是被高尚的思想所鼓舞，那一定是无益的、

渺小的。   ——（俄）车尔尼雪夫斯基

优于别人，并不高贵，真正的高贵应该是优于过去的自己。

                                 ——（美）海明威

永远不要以为你的对手是比你蠢笨的。   ——（法）拿破仑

即使你了解一千种事，也有人比你多了解一种。

                              ——土耳其箴言

谦逊基于力量，高傲基于无能。   ——（德）尼采

新东西让人喜悦，旧东西使人舒服。   ——古巴箴言

一个人衣衫的颜色改不了他的肤色。   ——叙利亚箴言

世人缺乏的是毅力，而非气力。   ——（法）雨果

人生的价值是由自己决定的。   ——（法）卢梭

每一个正直的人都应该维护自己的尊严。   ——（法）卢梭

安而不忘危，存而不忘亡，治而不忘乱。   ——《易经》

仁者见之谓之仁，智者见之谓之智。   ——《易经》

祸莫大于不知足，咎莫大于欲得。   ——（春秋）老子

祸兮，福之所倚；福兮，祸之所伏。   ——（春秋）老子

大直若屈，大巧若拙，大辩若讷。   ——（春秋）老子

礼义廉耻，国之四维，四维不张，国乃灭亡。

——（春秋）管仲

闻贤而不举，殆；闻善而不索，殆；见健而不使，殆。

——（春秋）管仲

不以规矩，无以成方圆。 ——（战国）孟子

无冥冥之志者，无昭昭之明；无惛惛之事者，无赫赫之功。

——（战国）荀子

适百里者，宿舂粮；适千里者，三月聚粮。

——（战国）庄子

行仁政而王，莫之能御也。 ——（战国）孟子

自爆者，不可与有言也；自弃者，不可与有为也。

——（战国）孟子

权，然后和轻重；度，然后知长短。 ——（战国）孟子

尊贤使能，俊杰在位。 ——（战国）孟子

不塞不流，不止不行。 ——（唐）韩愈

不畏浮云遮望眼，自缘身在最高层。 ——（宋）王安石

贤愚千载知谁是，满眼蓬蒿共一丘。 ——（宋）黄庭坚

道足以忘物之得春，志足以一气之盛衰。 ——（宋）苏轼

自私自利之心，是立人达人之障。 ——（明）吕坤

贫不足羞，可羞是贫而无志。　　　　　　　　——（明）吕坤

人人好公，则天下太平；人人营私，则天下大乱。

　　　　　　　　　　　　　　　　　　　——（清）刘鹗

数子十过，不如奖子一长。　　　　　　　——（清）颜元

狮子不会听到狗吠而回头。　　　　　　　　——非洲箴言

希望是厄运的忠实的姐妹。　　　　　　——（俄）普希金

舌头往往毁人一生。　　　　　　　　　　——埃及箴言

一个已知的错误胜于一个未知的真理。　　——阿拉伯箴言

白发代表苍老，不代表智慧。　　　　　　——希腊箴言

对未来的真正慷慨是把一切献给现在。

　　　　　　　　　　　　　　　——（法）阿尔贝·加缪

谁在平日节衣缩食，在穷困时就容易渡过难关；谁在富足时豪华奢侈，在穷困时就会死于饥寒。　　　　　　——（波斯）萨迪

不要和紧握的拳头握手。　　　　　　　　——西班牙箴言

如果你够坚强，你就是史无前例的。

　　　　　　　　　　　　——（美）斯科特·菲茨杰拉德

人一毛躁，势必影响众人。　　　　　　——博茨瓦纳箴言

对灾难的惧怕要比灾难本身可怕。　　　　——（英）笛福

一个人总考虑怎样去做好事，就没有时间去做好事。

——印度箴言

前事不忘，后事之师。　　　　　　　　——（汉）刘向

出言不当，反自伤也。　　　　　　　　——（汉）刘向

孝子亲则子孝，钦于人则众钦。　　　　——（宋）林逋

食能止饥，饮能止渴；畏能止祸，足能止贪。

——（宋）林逋

慎独即不自欺。　　　　　　　　　——（宋）陆九渊

浩气还太虚，丹心照千古。生平未报国，留作忠魂补。

——（明）杨继盛

倚富者贫，倚贵者贱；倚强者弱，倚巧者拙。倚仁义不贫、不贱、
不弱、不拙。　　　　　　　　　　——（清）曾国藩

经常用的钥匙总是亮闪闪的。　　　——（美）富兰克林

一棵树难挡风，一根柴难着火。　　　——俄罗斯箴言

追求真理比占有真理更加难能可贵。　——（美）爱因斯坦

只有傻瓜才会用脚丈量水深。　　　　　——非洲箴言

耳朵可以穿透黑暗，而不是眼睛。　　　——非洲箴言

每个人都想去天堂，但没有人愿意去死。　——牙买加箴言

只说你好和再见，不会伤害任何人。 ——牙买加箴言

要琢磨一个人说的话，不要琢磨说话的人。 ——阿拉伯箴言

走得慢不可怕，原地不动才可怕。 ——印度箴言

捣鬼有术，也有效，然而有限。 ——鲁迅

一切假知识比无知更危险。 ——（英）萧伯纳

即使把蛇装进竹管里，它也不会因此变直。 ——日本箴言

从竹竿孔里无法看到整个天空。 ——日本箴言

过度的顺从不是忠诚。 ——日本箴言

摔倒七次，第八次要爬起来。 ——日本箴言

缺什么总比借什么强。 ——非洲箴言

谦虚不仅是一种装饰品，也是美德的护卫。

——（美）爱迪生

吝啬之人的钱包不会变鼓也不会变瘪。 ——马耳他箴言

眼睛看不到的东西，不会记在心里。 ——马耳他箴言

腿会跟着心里喜欢的东西走。 ——马耳他箴言

复仇者必自绝。 ——欧洲箴言

没有过河的人不要嘲笑淹死的人。 ——非洲箴言

谎言也许会开花，却不能结果。　　　　　　　　　　——非洲箴言

我们的骄傲多半是基于我们的无知。　　　　　　　——（德）莱辛

智慧在街市上呼喊，在宽阔处发声。

　　　　　　　　　　　　　　　　　——（以色列）所罗门王

对智慧说，你是我的姊妹。称呼聪明为你的亲人。

　　　　　　　　　　　　　　　　　——（以色列）所罗门王

不要看人们在说什么，而是要看他们在做什么，这样才能判断他们
的人品。　　　　　　　　　　　　　　　　　——西班牙箴言

任何神话都是用想象和借用想象以征服自然力，把自然力加以形象化。

　　　　　　　　　　　　　　　　　　　　——（德）马克思

使愚人灵明，使少年人有知识和谋略。

　　　　　　　　　　　　　　　　　——（以色列）所罗门王

人总不能只靠面包活着。　　　　　　　　　　　——俄罗斯箴言

苦瓜再苦，爱吃的人也觉得甜。　　　　　　　　——菲律宾箴言

老人可以坐在树荫下，是因为他们多年前种了树。

　　　　　　　　　　　　　　　　　　　　　——非洲箴言

在懦夫的家里，人们会嘲笑他；在勇者的地盘上，人们会规规矩矩。

　　　　　　　　　　　　　　　　　　　　　——非洲箴言

人不能跟着水里的印记去行走。　　　　　　　　　——非洲箴言

某一天，就是永远不会有的那一天。　　　　　——英国箴言

焦虑总会给一件小事带来大麻烦。　　　　　　——英国箴言

粗糙的表皮常常掩盖最甜蜜的果实。　　　　　——英国箴言

与笨蛋结友，自己也要变成傻瓜。　　　　　——俄罗斯箴言

鸟美看羽毛，人美看学问。　　　　　　　　——俄罗斯箴言

以死亡威胁一个勇敢的人，好比用河流威胁一只鸭子。

　　　　　　　　　　　　　　　　　　　　——阿拉伯箴言

没有纪律的青春，好像没有屋顶的房子。　——阿拉伯箴言

人生最苦痛的是梦醒了无路可走。做梦的人是幸福的，倘没有看出可以走的路，最要紧的是不要去惊醒他。　　　　　　——鲁迅

一生中，最光辉的一天并非功成名就的那一天，而是从悲叹与绝望中产生对人生挑战与勇敢迈向意志的那一天。　　——（法）福楼拜

懂得如何迈入晚年是智慧的杰作，同时也是人生这一伟大艺术中最难谱写的篇章。　　　　　　　　　　　——（瑞士）阿米尔

真理最伟大的朋友是时间，最大的敌人是偏见，永恒的伴侣是谦虚。

　　　　　　　　　　　　　　　　　　　　——（英）戈登

短吻鳄的嘴巴只有在你经过时最长。　　　——牙买加箴言

没有侥幸这回事，最偶然的意外，似乎也都是有必然性的。

　　　　　　　　　　　　　　　　　　　——（美）爱因斯坦

世间最珍贵的不是"得不到"和"已失去"，而是现在能把握的幸福。

——（古希腊）苏格拉底

我们不得不饮食、睡觉、游玩、恋爱，也就是说我们不得不接触生活中最甜蜜的事情，不过我们必须不屈服这些事物。

——（法）居里夫人

最甜美的是爱情，最苦涩的也是爱情。　　　　——（英）菲贝利

人与人之间的相互关系中对人生幸福最重要的莫过于真实、诚意和廉洁。　　　　　　　　　　　　　　　　——（美）富兰克林

一个最困苦、最卑贱、最为命运所屈辱的人，只要她还抱着希望，便无所怨惧。　　　　　　　　　　　　　——（英）莎士比亚

最聪明的人是最不愿浪费时间的人。　　　　　——（意）但丁

标志时代的最灵敏的晴雨表是青年人。

——（法）罗曼·罗兰

人生在世是短暂的，对这短暂的人生，我们最好的报答就是工作。

——（美）爱迪生

人生最美好的，就是在你停止生存时，也还能以你所创造的一切为人们服务。　　　　　　　　　　——（苏联）奥斯特洛夫斯基

人生最终价值在于觉醒和思考的能力，而不只在于生存。

——（古希腊）亚里士多德

世界上最快而又最慢，最长而又最短，最平凡而又最珍贵，最容易被忽视而又最令人后悔的就是时间。　　　——（苏）高尔基

人生最美好的东西，就是他同别人的友谊。　　　　——（美）林肯

道德中最大的秘密就是爱。　　　　　　　　　　——（英）奥斯汀

天下大事必作于细，天下难事必作于易。　　　——（战国）荀子

世界历史即是世界审判，揭示其历史观兼神义论和人义论的双重品格。
　　　　　　　　　　　　　　　　　　　　　——（德）黑格尔

别因为落入一把牛毛就把一锅奶油泼掉，别因为犯了一点错误就把
一生的事业扔掉。　　　　　　　　　　　　　——（法）蒙田

历史常常惊人地重演。　　　　　　　　　　　——（德）黑格尔

我们周围有光也有颜色，但是我们自己的眼里如果没有光和颜色，
也就看不到外面的光和颜色。　　　　　　　　——（德）歌德

人生的一切变化、一切魅力、一切美都是由光和阴影构成的。
　　　　　　　　　　　　　　　　　　——（俄）列夫·托尔斯泰

只有在以某种有价值的东西做目的时，生命才有价值。
　　　　　　　　　　　　　　　　　　　　　——（德）黑格尔

无知者是不自由的，正因和他对立的是一个陌生的世界。
　　　　　　　　　　　　　　　　　　　　　——（德）黑格尔

对于眼镜蛇，你无论直呼其名或客气一点，称它眼镜蛇先生，它都
会一样咬你。　　　　　　　　　　　　　　　——保加利亚箴言

凡是存在的事物就天然具有合理性。　　　　　——（德）黑格尔

人类是地球上的匆匆来客。　　　　　　　　　——（德）黑格尔

一切都是暂时的，转瞬即逝。　　　　　　　　　　——（俄）普希金

人类从历史中所得到的教训就是，人类从来不记取历史教训。
　　　　　　　　　　　　　　　　　　　　　　——（德）黑格尔

年轻人畅谈自己正在做的事，老年人细诉自己曾经做过的事，愚者高论自己想做的事。　　　　　　　　　　　　　——（法）狄德罗

如果说音乐是流动的建筑，那建筑物则是凝固的音乐。
　　　　　　　　　　　　　　　　　　　　　　——（德）黑格尔

令他人愉快不一定要找个理由。　　　　　　　　——以色列箴言

精神的浩瀚、想象的活跃、心灵的勤奋：就是天才。
　　　　　　　　　　　　　　　　　　　　　　——（法）狄德罗

天才免不了有障碍，因为障碍会创造天才。
　　　　　　　　　　　　　　　　　　　——（法）罗曼·罗兰

在这唯一的权力面前，没有东西能够维持一种独立的生存。
　　　　　　　　　　　　　　　　　　　　　　——（德）黑格尔

未经审视的生活是毫无价值的。　　　——（古希腊）苏格拉底

不要靠馈赠来获得一个朋友。　　　　——（古希腊）苏格拉底

顽强的毅力可以征服世界上的任何一座高峰。
　　　　　　　　　　　　　　　　　　　　　　——（英）狄更斯

空谈和实干是不可调和的对立面。　　　　　——（德）马克思

民族不是为了国家而存在的，民族是由国家创造的。

——（德）黑格尔

多余的财富只能买来多余的东西，灵魂所需的必需品，一件也不需要用钱来买。

——（美）梭罗

有了钱，你可以买到地位，但不可以买到尊重；你可以买到血液，但不可以买到生命；你可以买到性，但不可以买到爱！

——荷兰箴言

我们如海鸥之与波涛相遇似的，遇见了，走近了。海鸥飞去，波涛滚滚地流开，我们也分别了。

——（印度）泰戈尔

一旦我们在世界上吸引了足够的注意，在其中扮演一个角色，我们顿时就像一个球一样滚动起来，而且从此再不停歇。

——（德）海涅

患难可以检验一个人的品格，非常的境遇方才可以显出非常的气节；风平浪静的海面，所有的船只都可以并驱竞胜。命运的铁拳击中要害的时候，只有大勇大智的人才能够处之泰然。

——（英）莎士比亚

生命的价值在于使用生命。

——泰国箴言

如果你不认识路，又怎能为别人引路呢？

——（苏联）高尔基

可悲的可以自行料理，而欢乐的滋味如果要充分体会，你就必须有人分享才行。

——（美）马克·吐温

一个能思想的人，才真是一个力量无边的人。

——（法）巴尔扎克

树枝比树干粗一定要折断。

——韩国箴言

地球所提供的足以满足每个人的需要，但不足以填满每个人的欲望。

——（印度）甘地

所有的木薯都长着一样的皮，但却有着不同的味道。

——肯尼亚箴言

要睿智得像蜥蜴，一边着眼将来，一边回顾过去。

——马达加斯加箴言

时间只对珍惜的人有用，它可以成为渊博的知识和不尽的财富。

如果没有冬天，春天也不会显得富有生机；如果没有逆境，也不会对成功如此向往。

看不见生命意义的人不会快乐，而且不会生活。

时间比金钱更加珍贵，因为你可以得到更多金钱，但决不能获得更多的时间。

抓紧时间去干你需要干的事情，千万不要等，现在就行的。

人生不应该在"后悔"和"等待"中度过，不幸的是事情发生了才后悔，有幸的是现在去做还不晚。

不要为已消逝之年华叹息，须正视欲匆匆溜走的时光。

人生有一道难题，那就是如何使一寸光阴等于一寸生命。

时间不是金钱，金钱比时间溜得更快。

如果你珍惜生命，就从珍惜今天开始。

让时间束缚自己的人，度过的是奴隶的一生。

时间是一个伟大的老师，但不幸的是它吞噬了所有的学生。

认真对待每一天，每一天都是你的正式演出，而不是节目的排练。

不要试图给你的生命增加时间，而要向你的时间赋予生命。

向别人学习要通过心，而不是眼睛和嘴。

时间是人们最想得到的，也是人们最不善于利用的东西。

你或许可以拖延，但是时间从来不会。

昨天不是我们能够恢复的，但是明天是我们能够争取或者浪费的。

生命太过短暂，今天放弃了，明天不一定能得到。

充分利用时间的人不会荒废虚度人生。

想得的却不可得，你奈人生何。该舍得舍不得，只顾跟自己纠结。

等你发现时间是贼了，它早已偷光你的选择。

你和时间开玩笑，但它却对你很认真。

记忆像是倒在手掌心的水，不论你摊开还是紧握，终究会从指缝间一滴一滴流淌干净。

经常检查你的时间表和已经完成的项目，假如你有时间表的话。

指责是对时间的浪费。不管你发现别人的过错有多严重，不管你如何指责对方，一切都不会改变了。

学习不怕从零开始，就怕从不开始。

学习这件事不是缺乏时间，而是缺乏努力。

博学的人会利用时间，勤奋的人会抓紧时间，忠诚的人会遵守时间，聪明的人会管理时间。因为，时间往往是一个成功人士的见证。

抛弃时间的人，时间也抛弃他。

不读书则愚，不思考则浅，不多练则生，不巧用则钝。

如果你不愿意学习和成长，没人能帮助你；但如果你决意要学习和成长，也没人能阻拦你。

读书不能保证你抵达理想的彼岸，但一定能缩短你与理想之间的距离。

钟表可以回到起点，但已不是昨天。

你想得点新知，就应该看些旧著；你想知道老生常谈，那就读点新书。

看见未来最好的途径就是理解当下，预知未来的最好办法就是去塑造它。

一个时代的生命力不在于它收获了什么，而在于它为未来播撒了什么种子。

发怒一分钟不仅得不到任何快乐，还失去了六十秒的幸福。

知道如何停止的人，才能知道如何加速。

人生就像电池，少年蓄电，中年发光，老年保养。

抓住现实中的一分一秒，胜过想象中的一月一年。

最强大的武士有两位——时间和耐心。

勤奋的代价往往是耗损健康和精力，而懒惰的代价是浪费精力和时间。

书籍是您能够一遍遍打开的礼物。

如果不读书，行万里路也不过是个邮差。

不学习的人像不长谷物的荒地。

学问是靠平时一点一滴积累起来的，所谓"厚积薄发"就是其理。

不要惧怕学习，知识是没有重量的，你永远可以轻易带着它与你同行。

把读书和成功结合在一起，是一种极其功利的思想。读书的目的，不在于让你取得多么伟大而卓越的成就。而在于，当你被生活打回原形，陷入泥潭备受挫折的时候，给你一种内在的力量，让你安静从容地面对。

时间就像海绵里的水，只要愿挤，总还是有的。

求懂，先求不懂。始于问题，终于问题。

时间抓起来就是黄金，抓不起来就是流水。

学问愈深，未知愈重；求知而来，载知而去。

学习是进步的源泉，技能是谋生的基础。

学习这件事情不在乎有没有人教你，最重要的是在于你自己有没有觉悟和恒心。

时间能记录一切，也能冲淡一切。

爱读书可以增智，好学习才能上进。

珍惜时间的人，将会得到时间给予的最好回报。

富不学富不长，穷不学穷不尽。

社会一直在淘汰有学历的人，但不会淘汰有学习力的人。

人生有限，学习无限。

终身学习，塑造美好未来。

学习是素质的修炼，读书是知识的积累。

知识不一定改变你的人生，但一定可以给你改变人生的机会。

时间，每天得到的都是小时，可是它给勤勉的人带来智慧与力量，给懒散的人只能留下悔恨与痛苦。

放弃渺小，你就拥有了伟大。

在改变现在的同时，你也改变着未来。

当你知道如何利用时，什么都是好东西。

影子是不真实的，它不在夸张，就在缩小。

愚人有时也能让智者学到东西。

智者并非懂得一切，只有傻子才认为自己无所不知。

要拿得起，也要放得下。拿得起是生存，放得下是生活；拿得起是能力，放得下是智慧。

可能或不可能，取决于人的决心。

要想得到别人得不到的，就要付出别人付不出的。

人的习惯越多就越不自由。

古代大智慧与当代领导新思维——共赢。

智者只发表自己可以证实的言论。

一个人的智力表现为，他针对一个问题能提出多少个相互矛盾的观点。

在讨论中我们总能看到智慧的光芒。

岁月，带给庸者的仅仅是发皱的皮肤，但对于智者，还另外附赠一份积淀的魅力。

愚人向远方寻找快乐，智者在身边培育春光。

世界上根本没有完美可言，连太阳还有黑子呢！

好好照顾你的身体，让你的灵魂愿意在此居住。

在生活里没有暂停键，没有倒回键，更不会有重放键。

意志坚定时步履就轻快。

脑袋之所以是圆的，是为了让思路可以转弯。

人们争论的起因通常是不懂如何讨论。

想要获得真理的人必须先学会合理地怀疑它。

用勇气去改变可以改变的事情，用胸怀去接受不能改变的事情，用智慧去分辨这两者的区别。

都是背了太多的心愿，流星才会跌得那么重；都是藏了太多的谎言，分手才会那么痛。

如果你找到解决问题的办法，并开始依赖它，那么，解决的办法有可能成为你的下一个问题。

聪慧的头脑加之丰富的经验，将产生无比巨大的能量。

真正聪明的人，永远不会将别人当作呆子。将别人当作呆子的人，到最后总是往往会发现，真正的呆子不是别人，而是自己。

与其用华丽的外表装饰自己，不如用知识武装自己。

经验确实是人生最为宝贵的一笔财富，但是过于依赖经验，有时候它又变成了致命的匕首。

志合者，不以山海为远。

人因为学不会三件事，所以不快乐：那就是休息、付出和放下。

生活之路永远不是平坦的。

失意时抬头是一种自信，得意时低头是一种修炼。

能够在独处时安然自得，才会在喧嚣时淡然自若。

如果你老是担心自己会从自行车上摔下来，你永远也骑不了它。

远离没有泪水的智者，远离没有笑声的哲学家，远离不能在小孩面前弯腰的诗人。

成功的人能用别人砸向他的砖块铺设一个牢固的地基。

带着良心去生活，就像骑车时把住了车闸。

奋斗也许不能改变人生的长度，但能改变人生的宽度。

人生就像摇篮，即是平静的，也是动荡的。

如果智慧可以摆在市场上出售，蠢人们甚至连价格都不问就蜂拥而至。

教育家最大的错误是忘记自己曾经也是孩子。

压低你的声音，增强你的论据。

勉强应允，不如坦诚拒绝。

聪明的人知道事情应该是什么样的，有经验的人知道事情本来是什么样的，而智者知道把事情变得更好。

永远不要把知识误认为智慧，知识帮你谋生，智慧帮你生活。

智慧和命运交锋时，如果智慧有敢作敢为的胆识，命运就没有机会动摇它。

我们成桶地给别人提出忠告，却成粒地接受别人的忠告。

别忘了，生活可能更糟糕，作为这些事故的旁观者，你已经很幸运。

真正的才智不是表现在嘴上，而是体现在实际工作中。

头脑里的财富比口袋里的财富更保险。

从自己的过失中吸取教训是聪明，从别人的过失中吸取教训是智慧。

阅读是一个确认的过程：如果我们理解自己所读的东西，只因为它原本就已经在我们心中。

真正的阅读不是为了消遣和逃避，而是为了发现自我。

阅读带给我们的收获就像雕刻家手中的凿子，它帮助我们雕刻内心粗糙的思想和情感。

知识是一种越用越多的原材料。

聪明的猫头鹰安静地站在橡树上，看得远说得少，说得越少听到的越多。

智慧不是教育的产物，而是生活的产物。

聪明的人自己决定，无知的人随波逐流。

适当的伤心可以表示感情深切，过度的伤心却证明智慧的欠缺。

智慧满脸微笑，愚蠢冷若冰霜；真情火热心肠，无情雨雪交加。

阅读的最大理由是想摆脱平庸，平庸是一种被动又功利的谋生态度。

无论时代多么喧嚣，人们对于好书的定义不会轻易改变。

比赚钱更重要的是找到你自己赚钱的动力和办法。

劳动是知识的源泉，知识是生活的指南。

乐观者看见到处是绿灯，悲观者看见到处是红灯，真正的智者却是色盲。

有时候需要"难得糊涂"。因为糊涂也是一种智慧。

聪明人会为自己创造机会，而不是一味去寻找。

聪明的人看得懂，精明的人看得准，高明的人看得远。

聪明的人总是用别人的智慧填补自己的大脑，愚蠢的人总是用别人的智慧干扰自己的情绪。

如果你没有成熟到接受批评，你也就没有成熟到适合接受赞扬。

聪明人喜欢别人指点自己，愚蠢的人喜欢别人赞美自己。

每个人都有糊涂的时候，但不会糊涂一辈子。

自高自大可以使一个人变得膨胀，但却不能足以支撑起他。

经验不会从天而降，只有通过实践才能获得。

经验包含着珍贵的学问。

成功的人跟别人学习经验，失败的人只跟自己学习经验。

经验是人们智慧的精华。

出去旅行是一种生命的沉淀过程，旅行结束归来才是一种生命的释放。不断地沉淀和释放，才能让生命变得丰富。

知耻近乎智。知耻不仅需要勇气，更体现出一个人的智慧。

年轻学习的痛苦总比年老无知的痛苦轻很多。

真正的聪明不是懂得怎样开始，而是懂得怎样结束。

读书不是为了雄辩和驳斥，也不是为了轻信和盲从，而是为了思考和权衡。

阅读的基本准则：好书慢慢读。

生活的智慧，在于不必要枝节的删减。

以为智慧比美德更重要的人，会失去自己的智慧。

智慧无处不在，处处隐藏。

不要让智慧营养不良，溶入血液的营养，才是真正的收获。

智慧的脑子里，始终装着问题。

智慧的花朵常开放在痛苦思索的枝头上。

缺乏智慧的幻想会产生怪物，与智慧结合的幻想是艺术之母和奇迹之源。

傻瓜做事的时候用嘴，聪明人做事时用脑袋，智者做事时用心。

真正的智慧中包含这样的智慧：那就是，你对自己的无知很清楚。

养成阅读的习惯，等于为自己筑起一个避难所，几乎可以避免生命中的所有灾难。

在遇到痛苦和打击时，愚者只知道怨恨外境，从来不往内观察看自己有何不是；智者却明白痛苦并非来自怨敌，而是源自自己的烦恼，怨敌再厉害也无济于事。不一样的智慧成就不一样的人生。

知识只是力量的一部分，智慧才是全部或大部。

智慧意味着自知无知。

我平生只知道一件事，我为什么是那么无知。

聪明能带来财富和权力，智慧能带来快乐。

专心积累你的财富，不如以身教好你的子女。

没有道德的人活得最为轻松，因为他们从来不会觉得亏心。

自大的人就像雾灯一样，目的不是看见别人，而是让别人看见自己。

我们每个人心中都有一头野兽，驾驭了它，你就可以守护你自己。

快乐不取决于他拥有多少，而取决于他计较多少。

如果智者不妥协的话，愚者就不会如此得势。

只有不够快的斧，没有劈不开的柴；只有不坚决的人，没有做不到的事。

人们在讨论中交换知识，在争吵中交换无知。

越是善良的人，越是察觉不出别人的居心不良。

有些东西你看了以后才会相信，另外一些东西相信了以后才会看到。

一名舞者一天没训练，他自己知道；两天没训练，他的教练知道；如果三天没有训练，他的观众知道。

只有经泪水洗涤过的眼睛，才会看得更清楚。

当你能够从容地给予正如你索取的时候，你是慷慨的。

当你仅知道你现在的状态而不知道未来的时候，你是在成长中。

当你明白智慧也有局限的时候，你是明智的。

当你满足于现在而不需求别的东西时，你是富有的。

思想就像降落伞，只有在打开后才起作用。

很多事情可能并非如期盼的那样，但是它却是我们真正需要的。

让我们收获粮食的不是土地，而是耕作。

幽默是两个人之间最短的路。

物极必反，否极泰来；乐极生悲，因祸得福。

如果你发现了一条没有什么障碍的路，那它很可能带你到不了任何地方。

懦弱的人只会裹足不前，莽撞的人只能引火烧身，只有正勇敢的人才能所向披靡。

真正的和平不是因为没有冲突，而是因为公正的存在。

那些想毁灭你的东西将会使你变得强大。我们通过科学来证明，但是却用自觉来发现。

为了躲避批评，就不做任何事，说任何话，其结果就是一事无成。

紧握拳头的人思路不清晰。

耐心是一棵结出甜果的苦树。

如果惧怕前面跌宕的山岩，生命就永远只能是死水一潭。

不抱有一丝幻想，不放弃一点机会，不停止一日努力。

思虑太少可能失去做人的尊严，思虑太多可能失去做人的乐趣。

人往高处走是人生追求，人往低处走是追求人生。

无为不是不为，不争不是无争。

小聪明是战术，大聪明是战略；前者看到芝麻，后者得到西瓜。

站在痛苦之外规劝受苦的人，是件很容易的事。

面对不一定是勇敢，有时退出也需要勇气。

能够说出的委屈，便不算委屈；能够抢走的爱人，便不算爱人。

掉进染缸里并不可怕，可怕的是在染缸里感觉很好。

从智慧的土壤中生出三片绿芽：好的思想，好的语言，好的行动。

每个人都身怀天赋，但如果用会不会爬树的能力来判断一条鱼，他会终其一生以为自己愚蠢。

信任人首先应当遵从的不是别人的意见，而是自己的良心。

人生没有死胡同，就看你如何去寻找出路。

世界上唯一不变的就是一切都在变。

如果一个人不知道他要驶向哪头，那么任何风都不是顺风。

在事实面前，我们的想象力越发达，后果就越不堪设想。

接受真理很多时候是痛苦的。

经得起环境的变化考验而顺应它，就有愉快的结果等着你。

年轻莫道春光好，只怕秋来有冷时。

常将有日思无日，莫把无时当有时。

性格决定命运，选择决定人生。

用心计较般般错，退后思量事事宽。

愚者千虑，必有一得；智者千虑，必有一失。

世界上不存在漫长的工作，只存在你迟迟不愿开始的工作。

世上只有想不通的人，没有走不通的路。

教师教学的过程也是教师成长的过程。

教育的目的是学会做人，学会做事。教育最大的成功是让学生学会学习。

要我学不如我要学，我要学不如我爱学。

或许做老实人，并不能获得什么；但一旦不老实，生活就会重重给你一记耳光。

人们总能实现自己的愿望，只不过愿望往往在意外的时间、地点，以意外的方式得以实现。

我们养成习惯，然后习惯铸造我们。

每个人都希望被赏识，所以如果你欣赏某人，不要保守这个秘密。

生活不是电影，不会有那么多的不期而遇。

对于你的时间，最佳的用途就是在你的关键领域增强你的能力。

如果我们总是等待万事俱备，那么将永远不能开始。

生活中我们看到的自以为正确的"真相"，往往带有极强的个人色彩。而当我们了解真相后，常常已经伤害了别人，所以在鲁莽的行动之前，应该对问题认真地思考。

灰尘最后总会飞回播撒者的脸上。

金钱带不来幸福感和创造力，但是你的创造力和幸福感可以带来金钱。

仇恨与爱情一样，往往都源于微不足道的事情。

成功与平庸的区别在于思考问题的方式不同。

世上最惨烈的贫穷莫过于孤寂和不被爱。

有财富的人，追求优裕的生活，有智慧的人追求优质的生活。

让人失去理智的，常常是外界的诱惑；让人耗尽心力的，往往是自己的欲望。

不要在短短的一天里去操心整整一年的麻烦。

生活中最大的满足莫过于别人说不可能完成的事而你做到了。

我们对待生活的态度就是生活对我们的态度。

要管好自己，用你的头；要管好别人，用你的心。

小时候，快乐是件简单的事，长大后，简单是件快乐的事。

人们总是把自己最想忘记的人牢记在心里。

学会忘记，是生活的技术；学会微笑，是生活的艺术。

生活是个随机函数，结果如何，总需要亲自演算。

你的丑和你的脸没有关系，所以请让你的人格和脑门一同闪亮。

只有向后看，才能理解生活；但要生活好，则必须向前看。

酸甜苦辣，是生命的富有；赤橙黄绿青蓝紫，是人生的斑斓。

所有人的生活都是一部历史。

在生活中没有人对任何事应付自如，除非他不断从年龄和经历中吸取知识。

年轻时你会在生活中学到很多东西，并将其视作真理重复着做。

了解真正的自己才能掌控未来的生活。

人生应为生而食，不应为食而生。

人生为棋，我愿为卒；行动缓慢，可谁曾见我后退一步。

虽然每个人所处的生活和工作境遇不同，但只要认真努力付出了，所有人都能看到，有心人还会记住。

人生百味，生命虽然只有短短数十载，可是没有一帆风顺的时候！人生起起落落、浮浮沉沉，再完美的东西也会有残缺、有瑕疵！

不要试图找到生活的答案，因为等你找到时，生活已经改变了它的问题。

生活的烦恼不是没有答案，而是答案太多。

人无法靠远离生活来获得平静。

人生的追求，要活得比以前好，不是活得比别人好。

伟大的人谈论创意，普通的人谈论事情，小人谈论别人。

生活不是一种刁难，而是一种雕刻。

所谓成熟，就是不在成功时看不起别人，也不在失败时归咎于别人。

什么都舍不得放弃的人，增加的不是回忆，只是更多的包袱而已。

生命不是由我们呼吸了多少次，而是由哪些让我们激动的无法呼吸的时刻来衡量的。

生活就像骑自行车，只有不断前进，才能保持平衡。

环境不会改变，解决之道在于改变自己。

活在这个世上，被人需要，是最极致的幸福。

人生是一面镜子，如果你对镜子中的样子不满意，那就不是镜子的问题，而是你自己的原因。

生活并不像看上去那么顺风顺水，但也不像我们想象的那么千难万险。

偶然中常常铸成命运的必然，邂逅一眸也许就是永恒的瞬间。

世界上最浪费生命的三件事：评论别人、抱怨生活和担忧未来。

对生活要有耐心，困难总会有，却也会走。

人生的无奈不在于没有选择的余地，而恰恰是因为需要作出太多的选择。

生活的美好就在于它的丰富多彩，要使生活变得有趣，就要不断地充实它。

人生的钥匙掌管在你自己的手里。

现实人生的很多秘密其实就埋藏在你自己的心底。

生命是充满遗憾的篇章，因为她没有机会让你修改病句。

人要是从来不满意自己，就不会有人能够使他满意。

追求幸福的人，生活的行李越轻越好。

当幸福握在你手中的时候，总是看起来很小；但如果让它跑了，你就会立刻感到它是多么地大而珍贵。

人生实际就像一部翻不到结局的小说。

人生就是勇敢地面对挫折，转个方向求发展，就会柳暗花明。

人总希望被理解，却又怕被看穿。

想修剪自己来迎合别人的人，将很快把自己削没了。

人生的所有努力无非两种结果：见笑或见效。做好迎接前者的准备，做好遇见后者的从容。

钻石不经琢磨不璀璨，人不经磨炼难成大器。

即使钻石带有瑕疵，也要胜过一块完美的鹅卵石。

当你渴望生活中事事如意的时候，有句话可要提醒你：钻石生成于重压之下，橡树在强风下长得更粗壮。

这个世界上没有付出任何努力就获得的唯一东西就是年纪。

现实中的人们要明白，只能先生活，再思考。

生活不可能像你想象得那么好，但也不会像你想象得那么糟，人的脆弱和坚强都超乎自己的想象。

生活就像是一道简单的数学题，只有在你想得太多的时候，才变得复杂。

没有人会造一把不带钥匙的锁，正如不存在没有答案的问题。

当你不高兴时，生活在嘲笑你；当你快乐时，生活在向你微笑；当你让别人感到快乐时，生活在向你敬礼。

有时感觉过去让人懊丧，未来让人彷徨；左右为难进退失据时最好的选择是：扮演好当下的角色，静静地做着手中的事。

人生就是不断的选择与放弃。

适合一个人穿的鞋，让另外一个人穿可能会苦不堪言。

把自己变成毛虫的人就不该抱怨被人践踏。

无论好与坏，你都不应该企图再去体验昨天，因为昨天已成为历史，唯独今天，唯独此刻，才是你的生活，好好生活并快乐地享受吧！

大部分人的不满源于对自身命运的过分要求。

我们必须不断克服让自己烦恼的念头，直到获取使自己变得强大的思想。

无论年纪多大，都无法彻底地读懂人生。

每个人内心都充满了魔鬼，他可能是贪欲，可能是绝望，也可能是戾气……只有努力去控制它，你才有可能踏入成功者的行列。

如果你为自己定的所有目标都能达到，即说明你定的目标还不够远大。

人生没有悲剧和喜剧之分，如果从悲剧中走出来，那就是喜剧；如果沉湎于喜剧之中，那就是悲剧。

人生不如意的时候，是上帝给的长假，这个时候就应该好好享受假期。当突然有一天假期结束，时来运转，人生才真正开始了。

你不应该想着别人的问题，因为能更好解决问题的那个人是他们自己，而不是你。

我们的生命只有一次，但我们如能正确地运用它，一次足矣。

活在活着的人的心里，就是没有死去。

你不应该吝啬，因为吝啬是生活中一副最沉重的一副担子。

哭给自己听，笑给别人看，这就是所谓的人生。

人生如逆水行舟，不进则退。

人生多数的错与失，是因为不努力、不坚持、不挽留。

人生路上，没有恰到好处的风景，只有恰如其分的心情。

人的生命有什么没什么，往往不是取决于我们去了哪里、看了什么，而在于去到看到时，我们的内在感官与记忆有多少准备。

人生就像一架天平，你想要得更多，就必须比别人承受得更多。

如果觉得生活是一种刁难，一开始就输了；如果觉得刁难是一种雕刻，迟早都会赢的。

人生要做的两件事就是防患于未然和豁达大度，前者是为了使他避免遭受痛苦和损失，后者是为了避免纷争和冲突。

人生如果错了方向，停止就是进步。

每个人都有他的路，失败者的不幸在于他不想走自己的那条路，总是想走别人的路。

不要抱怨自己选错了路，再平凡的路，也会因为你的努力而变得精彩。

人生像赛跑，不在乎你是否第一个到达终点，而在乎你有没有跑完全程。

习惯改变一小步，人生变化一大步。

物质虽然贫乏，但精神不应潦倒。

快乐，使生命得以延续。

会选择是一种能力，敢选择是一种胆量。

生活有苦有甜，才叫完美；心情有悲有喜，才叫体会；联系时有时无，才叫珍贵。

懂得放松的人，才能找到轻松；懂得遗忘的人，才能找到自由；懂得关怀的人，才能找到朋友。

过去的不再回来，回来的不再完美。

追求别人的赞赏，就是将自己的快乐放在别人的手中。

不去做，任何想法都只能在脑海里游泳；不迈出脚步，永远找不到你前进的方向。

能够忍痛舍去和放弃的人，他最大的优点实际上就是一个有修养和善于选择的人。

真诚的赞美往往比严厉的批评更能使人受益。

多一些值得回味的美好记忆，生活中就会经常弥漫温馨的芳香。

美丽，属于自信者；从容，属于准备者；奇迹，属于执着者；成功，属于顽强者。

许多时候，我们不是跌倒在自己的缺陷上，而是跌倒在自己的优势上；因为缺陷常常给我们以提醒，而优势却常常使我们忘乎所以。

如果世界上没有人对你说不，你是长不大的。

命好不如心态好。要改变你的世界，先改变你的心态；调整心态，把痛苦转化为能量；懂得平衡心态，烦恼就比别人少。

叹气是最浪费时间的事情，哭泣是最浪费力气的行径。

伟人改变环境，能人利用环境，凡人适应环境，庸人埋怨环境。

人的本能是追逐从他身边飞走的东西，却逃离追逐他的东西。

人生最大的收获是改错。

良好的个性胜于卓越的才智。

找准定位，勤奋努力，成就人生。

我们从自己的失败中学到的东西要远比从他人的失败中学到的多。

我们可以把幻想当作同伴，但必须把理智当作向导。

当你第一次真正嘲笑自己的时候，才知道它的价值。

满足不是意识到你还缺少什么，而是你已经拥有了什么。

别让昨天的遗憾和明天的困扰破坏今天的心情。

人生如天气，可以预料，但往往出乎预料。

适时适度的弯曲，便于卸掉那份多余的沉重，从而求得更好的生存和发展。

你每天都在做很多看起来毫无意义的决定，但某天你的某个决定，就能改变你的一生。

要时刻记着，工作不只是为了糊口，还要有抱负。

人生的奔跑，不在于瞬间的爆发，而在于途中的坚持。

走自己的路，看自己的景，超越他人不得意，被人超越不失志。

面对绝境，回避不是办法，挑战才有出路。

能够使我们漂浮于人生泥沼中而不至于陷污的，是我们的信心。

年轻是本钱，但不努力不值钱。

经营自己的长处，能使你的人生增值；经营自己的短处，则使你的人生贬值。

生命就像一个盘山道，俯瞰是圆，侧看则是盘旋上升，尽管经度纬度保持不变，高度却全然不同。

生命的价值，正是在跑好自己承担的这一里程中体现出来的。人的生命虽然有限，但人用生命所创造的价值，却可以与世长存。

如果将人的一生一分为二的话，前半段人生哲学就是不犹豫，后半段人生就是不后悔。

从多嘴的人那里学会沉默，从偏执的人那里学会宽容，从无情的人那里学会仁慈。

常检己身方可知他人，无愧当今方可无愧后人。

年轻时的挥霍无度，是在透支晚年的支票。

传播光明有两种方式——做一根蜡烛或一面能反射光明的镜子。

把每一个黎明看作是生命的开始，把每一个黄昏看作是你生命的小结。

强者向人们揭示的是确认人生的价值，弱者向人们揭示的却是对人生的怀疑。

没有奋斗，人生便寂寞难忍。

人生意义的大小，不在乎外界的变迁，而在乎内心的经验。

生命短暂，切不可猥琐偏狭。

没有人永远活着，没有东西可以经久。

生命，只要你充分利用，它便是长久的。

我认为人生的全部意义，在于精神、美和善的胜利。

人如不能给社会或家庭做出一些贡献或付出，那他的一生就毫无价值。

命运和性格是同一概念的两种说法。

人生只有走出来的美丽，没有等出来的辉煌。

忘记你的过去，看重你的现在，乐观你的未来时，你就站在了生活的最高处。

问题是一个可以让你尽情发挥才能的机会。

机会让人头疼之处就在于，它告辞时总比造访时更好辨认。

幸运就是当你百分之百地付出后所剩下的。

当别人不愿去做或者他们都说不可能成功的时候，正是你开始行动之时。

人生就像过山车一样，只要不掉下来，就会有起伏。

人生是一本书，愚者泛泛翻看，智者认真阅读；因为智者知道，他只有一次阅读机会。

机会是一个善于伪装的家伙，它通常将自己伪装成灾难或失败，大多数人都因此而被迷惑。

机会不会刻意到来，因为它一直就在我们身边。

现实中往往是危机中酝酿着转机。

命运如同玻璃，在最辉煌的时候最容易破裂。

你不会有第二次机会给别人第一印象。

追求卓越，就是用不寻常的办法做寻常的事。

机会的载体就是你自己，只要生命存在，机会就藏在里面。

就算以前所有的机会都失去了，将来还是有机会。

虽然每个人没有相同的才能，但却有相同的机会去展示才能。

幸运已经给人们太多了，但却很少有人对此满足。

生活就是这样，你不希望发生的事远比你希望发生的事要多得多。

令人不可思议的是，大多数的船是在港湾停航的时候被腐蚀掉的，而不是在航行中。

"不可能"这个词仅仅会在愚蠢的字典里被发现。

没有任何意外，只可能还有一些规律我们没有掌握。

在每个困难之中，都有一个小岛叫机遇。

很多人在徒劳等待福从天降的时候，错过了身边的幸福。

如果你没有制订自己的人生规划，机遇就会落到别人的规划中。

机会往往就在脚下，所以不必东奔西走，只须学会如何辨认它。

很多人把机会的敲门声当成噪音。

如果把特殊才能用到了歪门邪路上，那它将变成路障。

乐观的人能在困难中看到机会，悲观的人只会在机会中看到困难。

死亡教会人一切，如同考试之后公布的结果——虽然恍然大悟，但为时晚矣！

要做的事情总找得出时间和机会，不要做的事情总找得出借口。

我们缺少的不是机会，而是在机会面前将自己重新归零的勇气。

命运是一个善于伪装的人，他很容易让人迷惑。

机遇如清水，无处不可流；机遇如月光，有隙皆可存。

每个人脑子里都有很多天才的想法，但是想法和得到之间有两个字，那就是做到。

命运不是一个人的经历造就的，它取决于这个人对各种遭遇的领悟能力。

许多事情总是在经历了才会懂得。一如感情，错过了，遗憾了，才知道不需无谓执着。

如果你在做的不是你最想做的事，那你已经再无可失了。

别让昨天的遗憾和明天的困扰破坏你今天的心情，掌握当下，充实过好每一天。

智者创造机会，强者把握机会，弱者坐等机会。

幸运和不幸是一双筷子，缺了哪一根，都吃不好人生这碗饭。

人生是大海中的航船，情感是暴风雨，理智是指南针。

航海者虽比观望者要冒更大风险，但却有希望到达彼岸。

当机会来临时，你能伸出手去抓住，这只手就是你那时具备的能力。

既然选择了就让我们接受，在命运看来，这或许就是公平的。命运并没有抛弃你，而是给你一段不同的人生。

机会面前人人平等，但机会并不平均分配。

倒霉是一种永远也不会错过的运气。

苦闷与其说产生于开始做某事的时候，不如说来源于做还是不做的犹豫之中。

若能争取到奋力一搏的机会，我们跃跃欲试；但同一件事，如果它是一个不得不执行的命令，我们却怎么也提不起兴致。

顺风顺水，我们不识悲观为何物；跌入低谷，我们想要找回哪怕一点信心也难于上青天。

见到机会就要立即抓住他的胡子，因为他后面没有头发。

人生应该走能够实现自我的道路，而不是面前的道路。

生活会给予，也会剥夺。

把和别人的每次沟通都当成是一次机会。

如果你总生活在过去，无疑是在浪费生命。

很多时候，命运给予我们的不是失望之酒，而是机遇之杯。

如果你总是躺在家庭的大树下，就别想在阳光中为自己找到一个位置。

有时，恰恰是那些最微不足道的决定永远地改变了我们的生活面貌。

公平的机会随处都有，但需要自己主动去创造。

看得破的人，处处是生机；看不破的人，处处是困境。

越是危机，越是一种转机；越是低谷，越容易迎来高潮。

人生就像一个万花筒，转一个角度你就能看到全新的世界。

乐观的人能够看到问题后面的机会，悲观的人只能看到机会后面的问题。

要相信运气，事实上越努力，你的运气会越好。

我们不要一心只想着干什么大事，而忘了小事往往体现一个人真正的品质。小事还往往孕育着转变的机遇，甚至埋藏着大事情的种子。

当充足的准备与机遇邂逅，幸运便随即产生。

机会不是没有，主要是要把握住。

再深的绝望，都是一个过程，总有结束的时候，回避总不是办法。鼓起勇气昂然向前，或许机遇就在下一秒。

绝境不仅仅是一场磨难，更是人生的一次醒悟和升华。

幸运之神的降临往往只是因为你多看了一眼，多想了一下，多走了一步。

千万别为了什么东西去等什么合适的机会，活着的每一天都是一个机会。

积极的人在每一次忧患中都能看到一个机会，消极的人在每一次机会中都能看到一个忧患。

生命很快就过去了，一个机会从不会出现两次。

生活是你心智的一面镜子。

睁开双眼，面对现实是治疗绝望的最好药方。

能够正视自身弱点的灵魂必将获得强大的力量。

能够自嘲的人会永远幸福，因为他总有取笑的对象。

任何宽恕都会得到回报。

征服自己是一个比征服别人更为艰巨的任务。

判断一天过得有没有价值，不是看你今天收获了什么，而是看你今天播种了什么。

热情是点燃成就之烛的火柴，优柔寡断是盗走机会的窃贼。

真相可能会使人受伤，但只有谎言才会留下伤疤。

用在教育上的花销永远也不会比无知付出的代价更昂贵。

离我们最近的是事实，离我们最远的是真相。

骗子从不吝啬誓言，因为从来不须兑现。

当你把眼睛移开目标的时候，障碍物是你能看到的最可怕的东西。

不要为十全十美而担心——你永远做不到十全十美。

有时候一只小蚂蚁可以救一只大狮子，而一个不起眼的技能可能帮你摆脱生活的困难。

从哪里来并不重要，重要的是你要到哪里去。

改变自己的想法比坚持到底需要更多勇气。

同情是别人施舍的，让人羡慕必须自己去争取。

与其苦苦寻觅完备的方案，不如实行不完备的决定，因为十全十美不存在。

没有人可以回到过去重新开始，但谁都可以从今日开始，书写一个全然不同的结局。

人们在获得经验的同时也失去了年轻。

慢慢才知道，未必做每一件事情都有意义，可是做的每一件事情都是一个回忆。

如果把所有的错误都关在门外的话，真理也被关在门外了。

读万卷书，不如行万里路；行万里路，不如阅人无数；阅人无数，不如名师指路。

只有尝试过，才会懂得自己该选择什么。

有时候不是不懂，只是不想懂；有时候不是不明白，而是明白了也不知道怎么做，于是就保持了沉默。

没有必要牵挂过去，更不必担心未来；只要踏实于现在，就与过去与未来同往。

带给你快乐的那个人，也是能带给你痛苦的那个人。

所有的房子都会成为故居，所有的容颜都会成为故人，所有的情节都会成为故事。

你觉得很差，因为你还没有遇到更差的。

清清楚楚看昨天，扎扎实实抓今天，高高兴兴看明天。向昨天要经验，向今天要成果，向明天要动力。

因为没有选择的缘故，人们往往走对了路。

有本事抛弃别人，就要有本事扛起被抛弃的痛苦。

睁着双眼，不等于正视现实。

生命总有那么一段时光，充满不安，可是除了勇敢面对，我们别无选择。

人生不过是一场旅行，你路过我，我路过你，然后各自向前，各自修行。

凡是到达的地方，都属于昨天；太深的流连，就成了一种羁绊。

没有向命运抗争的明智准备，就不会使命运显示其威力。

真诚并不意味着要指责别人的缺点，但意味着一定不恭维别人的缺点。

忍人之所不能忍，方能为人之所不能为。

生活就像高压锅，只有经历过压力的考验，身处其中的人才能变得成熟。

不要轻易虚度每一天的光阴，因为那都是你余生中的第一天。

人生如同坐火车，风景再美也会后退，流逝的时间和邂逅的人终会渐行渐远，前行的始终是自己。

宁可去碰壁，也不要在家里面壁。

人只有经过挫折和磨难，才能成就大事。

不管什么原因，只要能努力争取，就不言轻易放弃。

勇气并不是没有绝望，相反，它是一种尽管有绝望，但依然能够奋力前进的能力。

一个勇于表明立场的人，才能真正有担当地做事。

大海平静的时候，每个人都能握住舵。

人生犹如一首乐曲，要用感情和直觉去谱写，而不是只按乐律行事。

人生不是流水线上的产品，没有固定的模式。

社会这片大森林实在太大太深，以至于真理在里面也往往会迷路。

人的一生就是漫长的一天，人的每一天就是短暂的一生。

人不应该畏惧死亡，而应该害怕从未开始生活。

树立积极的人生态度，就能应付一切复杂的局面。

人生重要的不是所占的位置，而是所朝的方向。

不学杨柳随风摆，要学青松立山冈。

打磨自己的过程很痛，但最终能塑造一个更好的自己。

岁月使人变老，经历使人成熟。

激活自己的潜能，永不满足，永不懈怠，永不疲倦，永不怯懦。始终保持坚定的意志、良好的状态，执着地向人生的更高目标攀登。

只有把目光对准地平线的人才能找到自己的正确道路。

我们要不就让自己悲伤，要不就让自己强大，其所需的工作量是一样的。

生活是用一种焦虑取代另一种焦虑，用一种欲望取代另一种欲望的过程。

要走好明天的路，必须记住昨天走过的路，思索今天正在走着的路。

你要欣赏自己的价值，就得给世界增添价值。

人生是一场漫长的心灵旅行，过程须以倾心、真心和爱心为辅料，用心细细咀嚼，方能品出真味。

命运如同手中的掌纹，无论多曲折，始终掌握在自己手中。

亲情是一根古老的藤，承载着对岁月的眷恋，亲情是人间最美的情感，是人类永恒的话题。

有时候我喜欢上别人，可那人却不知道；更多的时候我伤害了别人，可我却不知道。

不是因为开心才在一起，而是因为在一起才开心。

如果你不能把世上最好的东西给你的孩子，就把你自己最好的东西给他。

爱情，不是两人相对而视，而是朝着一个方向看。

美满婚姻的第一要素不是性和金钱，而是尊重。

两个相亲相爱人的感情，最终结果应是升华为血脉亲情的一家人，如达到这样的境界，其婚姻一定能牢固长久。

生活是上天的礼物，爱是生活的礼物，吻是爱的礼物。

一位知心的朋友是你送给自己的礼物。

努力做好一个母亲，你永远不会后悔。

好好关心你爱的人，因为，爱人、孩子和家庭是上天赐予你最珍贵的礼物，你要懂得珍惜。

有时爱也是一种伤害。残忍的人，选择伤害别人；善良的人，选择伤害自己。

父母乃天地也，尽孝父母天经地义。

万恶邪淫为首，百善智孝为先。

父母不慈，子女不孝。

孝不慈父母是为愚孝，慈不孝子女是为愚慈。

家庭是塑造个性和人格的最重要环境，因为一切美德源于家庭。

相似的人适合一起欢闹，互补的人适合一起变老。

一年之计在于春，一日之计在于晨；一家之计在于和，一生之计在于勤。

相识是缘起，相知是缘续，相守是缘定。

亲情是滴水化海的浓郁，友情是举手投足的融洽，爱情是伤痕累累的甜蜜。

我们的不幸，往往是因为我们对幸福过分地追求。

真正的爱从来无关风月，只在平淡的流年里变作永恒。

把爱存在心里不会产生利息，只有拿出来温暖别人才有价值。

有时候，一个无声的拥抱，对于一颗不快乐的心来说，就是千言万语。

父母做给孩子最好的事情，就是相亲相爱。

对妻子的一句甜言蜜语，比名贵的钻戒更贴心。

没有距离的婚姻最容易出问题。

为逝者举行盛大丧礼，不如在他在世时，善尽孝心。

母爱是人世间最神圣的感情，因为这种感情最没有利禄之心掺杂其间。

父母是子女在生活中一切言行举止的最早启蒙老师。

家人的美德大都包含在良好习惯之内。

如果你真的爱孩子，就该送他"出海经风浪"。

没有体谅和信任，便没有友谊，还何谈亲情。

一切教育都是从我们对儿童天性的理解开始。

美德和幸福犹如一对母女。

舒适加温情，是一个有爱家庭的标志。

宜用锦言教子女，更须垂范振家风；父母生前当须敬，胜过坟头唱颂诗。

父母是孩子认识世界、获取知识的第一所学校。

孩子的幽默是最自然、最坦率的人类语言，需要父母用心去发现和体会。

家是港湾，必以礼让相处；人非圣贤，须当宽容为怀。

治家诚为本，兴家德在先。节俭勤劳兴业本，骄奢淫逸败家根。

持家以勤为本，守业以俭为根，磕碰以和为贵，做人以诚为先。

互助互爱，治家睦邻第一宝；尊老爱幼，家庭和睦第一条。

交友的唯一方法是自己必须够朋友。

最困难时出手相助而不求回报是真诚无价的朋友。

交朋友的最好时间是在你需要他们之前。

友情是一种互相吸引的感情，因此它是可遇而不可求的。

烈火考验金子，时间考验朋友。

交朋友要靠平时。友情是一种最需要小心积蓄和保存的财富。

破裂了的友谊再补也很难和以前一样。

一个人不随便交朋友不算缺点，但是，交了朋友，而对这个朋友挑剔苛求，那才是不懂得朋友二字的意义。

交一朋友很慢，失一朋友却快。

与其花时间如何跟朋友和好，不如直接去向朋友道歉。

我们选择朋友靠的是本能，而维持友谊靠的是判断。

可以利用你的友善，但不要利用你的朋友。

朋友是熟悉你心中的歌的人，当你忘掉歌词的时候，他会为你唱出来。

真正的朋友是这样的人，当别人走出去的时候，他走了进来。

一个知己就好像一面镜子，反映出我们天性中最优美的部分。

真正的朋友不会追究你的过错，也不会嫉妒你的成功。

要想得到别人的友谊，自己就得先向别人表示友好。

我们可以用统一的标准来选择朋友，但是不能用统一的标准来要求他。

一辈子的朋友就是：理解你的过去，相信你的未来，并包容你现在的人。

背后为你说话维护你的才是真朋友。

没有缺点的朋友永远找不到。

一个真正的朋友绝对不会挡你的路，除非你走的是下坡路。

真正的朋友很难找到，很难离开，而且很难忘掉。

人生因知己朋友而精彩。

朋友是镜子，能照出我们自己的影子。

友谊是黄昏时分的影子，太阳越西沉，影子越深长；人生越近暮年，友谊越显深厚。

对一个朋友信任的深浅，不是看你会不会对他笑，而是看你愿不愿意当着他的面哭。

朋友是永远都不能舍弃的宝物。只有多交朋友、多支持朋友，才能多储存朋友，共同享受美好的幸福。

友谊永远是一个甜蜜的责任，从来不是一种机会。

友情之所以如此多变，乃是因为知心难，识才易。

保护自己不能靠围墙，要靠朋友。

真正的友谊，不是花言巧语，而是关键时候拉你的那只手。

兄弟未必是朋友，朋友却一定是兄弟。

历经长期交往并真诚互助的老朋友更可靠。

谁都能问你过得是否好，只有朋友会等待你的回答。

友情不是寻找共同点，而是学会尊重不同点。

没有比经久不衰的友谊更重要，尤其是在这个不停变化的世界里。

可以通过一个人的朋友，也可以通过一个人的敌人来判断其为人。

找到朋友即找到宝藏。

在这个世上，诚实的人最尊重、最珍视的莫过于真正的朋友，这种朋友可以说是另一个自我。

友谊也像零存整取的银行，若你平时不补充情感进去，一旦需要朋友的支持渡过难关时，才发现存单上一片空白。

谁要求没有缺点的朋友，谁就没有朋友！

真正的友谊永远不需特意表白。对别人和对自己开放心胸，便不会那么容易生气。

忘掉老朋友的人不可当成新朋友。

友谊是人生最可贵的事。

朋友需要你今天帮助，千万不要等到明天。

情深恭维少，知己笑谈多。

没有朋友的人生，就犹如一个人在黑暗中独行。

每个被爱情包围的人都能成为诗人。

生活中，普通人的爱情也有许许多多令人动容的经典。

如果你保持着与年龄无关的青春，会在同龄面前充满阳光，在爱情面前底气十足。

你不会因为美丽去爱一个女人，而她却因为你的爱而变得美丽。

人们需要爱情的滋润，犹如需要呼吸的空气一样。

爱一个人不是每天的甜言蜜语，而是每天的奋发图强！

男无良友不知己之有过，女无明镜不知面之精粗。

爱你的人如果没有按你所希望的方式来爱你，那并不代表他们没有全心全意地爱你。

外在决定两人是否在一起，内在决定两人在一起多久。

不要因为一点瑕疵而放弃一段爱情，毕竟在爱情里，需要的是真爱，而不是完美。

爱和保护是双向的恩德，我们谁也无法独立幸福。

爱情是生活最好的提神药。

通往爱人家里的路总不觉得长。

两颗相爱的心，不需要言语。

真理照亮头脑，爱情温暖心房。

是因自信的女人，永远一路绿灯。

婚姻的难处在于我们是和对方的优点谈恋爱，却和他（她）的缺点生活在一起。

谈一场恋爱，跳一场探戈，开始的第一步都是学会让步。

在感情世界里，越是索取，便越是贫乏。

女人美丽的外表使人看着顺眼，但其美丽的心灵更使深爱之人顺心。

你如果真正爱她，就要连她的缺点一起爱。

在爱情里，快乐与痛苦只有一线之隔。有时候，痛苦意味着珍惜与成长；而有时候，痛苦会凝固为恒久的伤疤。也许一段爱情是否暗藏痛苦并不重要，重要的是你如何去面对。

当爱情如同置身的时代一样变得繁复忙乱时，不妨试着摒除一切外在的杂音，只倾听自己内心的声音。

爱一开始的时候，很容易被人领会；只是当两个人相互看了一生后，爱就成了奇迹。

婚姻中最折磨人的并非冲突，而是厌倦。

爱情就像海滩上的贝壳，不要捡最大的，也不要捡最漂亮的，就捡自己喜欢的，捡到了就不再去海滩。

不要总是皱着眉头，因为你不知道哪一天会有谁因为你的笑容而爱上你。

嫁一个你愿意跟他说话的人一起生活。

爱就像是弹钢琴，开始时你必须学会按规则弹奏，然后你会逐渐忘记规则，让琴声发自你的内心。

你可以用一分钟迷恋上一个人，用一天喜欢上一个人，用一年去爱一个人，但忘掉一个人却需要一生。

真爱不是因为我们找到一个完美的人，而是学会了如何完美地看待一个有缺点的人。

人生最糟糕的不是失去了爱的人，而是因为太爱一个人而失去了自己。

爱如火焰，每个人都可以看到燃烧的美丽。

当我们的爱人离开这个世界时，请记得他们对我们的好就行了。然后，默默地把他封存进记忆里。

人的一生胜似鲜花，而爱则是鲜花的蜜。

只有爱能真正征服人心。

爱情幸福的秘诀不是盲目，而是在需要的时候闭上眼睛。

解决美满、和谐婚姻的第一个难题——理解和妥协。

爱情就像攥在手里的沙子，攥得越紧，流失得就越快。

恋爱是发现对方的优点，婚姻是接纳对方的缺点，生活是包容对方的一切。

把时间分给值得爱的人，是人生中最好的投资。

如果一个人不能无条件地给予和接受爱情，那这不是爱情，而是交易。

也许爱不是热情，也不是怀念，不过是岁月，年深月久成了生活的一部分。

爱情对于大多数人而言都是不可或缺的，因为它能帮助我们忘却暂时痛苦的现实。

盲目的爱情往往依靠眼睛而不是心灵。

玫瑰不经历风雨无法生长，心不经历伤痛不懂得何为真爱。

真正的爱情是不讲究热闹、不讲究排场、不讲究繁华、更不讲究噱头的。

宠和爱是不同的两件事，宠可以没有交流，而爱则不能。

思恋一个人的滋味就像喝了一大杯冰水，然后用很长很长的时间流成热泪。

你可以用爱得到全世界，也可以用恨失去全世界。

被别人深爱能给你力量，而深爱一个人能给你勇气。

谨慎的婚姻更长久。

年轻的时候，如果爱，别说永远，说珍惜。

开始写时不知道要写什么，写完后不知道写了什么，这就是情书。

人生是一场倾盆大雨，命运是一把漏洞百出的雨伞，爱情则是补丁。

世界上最遥远的距离，是用自己冷漠的心，对爱你的人掘了一条无法跨越的沟渠。

爱情和情歌一样，最高境界是余音袅袅。

友谊和爱情的区别在于：友谊意味着两个人和世界，而爱情意味着两个人就是世界。

别轻易对别人说爱，别固执地将别人的心门打开，又玩笑着离开。

爱是需要双方共同付出、用心经营的。

如果想让婚姻这碗粥变得有滋有味，还需要用心去加一些调料，比如偶尔的小惊喜，那样才会色香又味美。

真正的爱不是把他（她）抱在怀里，而是让他（她）学会走路。

与你无缘的人，你与他说话再多也是废话。与你有缘的人，你的存在就能惊醒所有的感觉。

真正的爱情不是一时的好感，而是明明知道没有结果，还想坚持下去的冲动。

有个人冲进你的心里，其余的人都要出去，这就是爱情与友情的终极区别。

真正的爱，就是在平凡生活中彼此无怨无悔的付出。

没有音乐，生活是一种遗憾；没有爱心，生命是一种多余。

爱情就像高跟鞋，你必须找到适合自己的，否则干脆脱掉。

爱情就像脚上的鞋，只有失去的时候才知道赤脚走路是什么滋味。

婚姻不是打牌，重新洗牌要付出巨大代价。

一个懂得爱的人，宁可扮演输家，也不去打败自己的爱人。

在爱情的世界里，我们在避免陷阱的同时往往会掉进另一个陷阱。质疑爱情的本身就是陷阱，还不如听任自己坠入爱河。

年轻时会想谈很多次恋爱，但随着年龄的增长，终于领悟到爱一个人，就算用一辈子的时间，还是会嫌不够。

爱上某个人不是因为他给了你需要的东西，而是因为他给了你未有过的感觉。

女人真挚的爱和温柔的善良最能温暖世界。

世界上最痛苦的事不是被爱折磨，而是根本没有找到真爱；世界上最痛苦的事不是没有找到真爱，而是曾经的爱变了味道。

不要见一个爱一个，爱得太多，你的爱就会贬值。

接受不了爱人的缺点，就没有资格拥有爱人的优点。

好的爱情是你通过一个人看到整个世界，坏的爱情是你为了一个人放弃整个世界。

爱情与同情，就像沙子和金子，虽然混在一起，但还是能分得很清楚。

我们四处游荡，寻找心中的向往；当回到家中，才发现原来它就在我们身旁。

来来往往的朋友是房子最好的装饰。

贫穷让更多的家庭团结起来而不是破裂。

成功（顺境）的时候，朋友认识了你；失败（逆境）的时候，你认识了朋友。

大喜大悲看清自己，大起大落看清朋友。

如果你想拥有完美无瑕的友谊，可能一辈子都找不到朋友。

能飞时不要放弃飞，能梦时不要放弃梦，能爱时不要放弃爱。

梦想成真只有在扎实刻苦、辛勤奋斗之中实现。

青春永驻的秘诀，是被进取捕获。

希望常常激励聪明的人，哄骗懒惰的人。

保持你对青春梦想的忠诚。

理想在每个人的心中，而实现它则是在勤奋实践与不懈的努力中。

要想射中靶心，就必须瞄得比靶心略高些，因为脱弦之箭受地心引力的影响。理想和行为也是这个道理。

快乐的秘诀就是充满梦想，成功的秘诀就是让梦想成真。

比起梦醒后看到的一切，我们总是对梦境的寓意更感兴趣。

创造伟业的人首先是个梦想家。

人的内心蕴藏着巨大的能量，如果能够发现并把它运用到梦想上，那必将成功。

成功不会青睐于呆坐凝视的人，而是青睐于那些敢做敢想的人。

有些人做梦成功时，另外一些人醒来了，并为成功努力奋斗。

只有执着的劳动者、虔诚的创造者，才有可能实现最佳美好梦想的机会。

梦想成真的那一刻，你肯定会怀念一样东西：追梦的心路历程。

理想不是现成的粮食，而是一粒种子，需要你播种培育；理想不是壮美的画卷，而是一张白纸，需要你描绘渲染；理想不是葱郁的绿洲，而是一片荒漠，需要你开垦改造。

理想的路总是为有信心的人预备着。

抱最大的希望，为最大的努力，做最坏的打算。

不要让问题推着走，要让梦想指引你。

梦想像画家手中的染料，这个世界像画布，信仰如画笔，它能把你的梦想变成一部现实的杰作。

真正的发现之旅不是为了寻找全新影色，而是为了拥有全新的眼光。

当幻想和现实面对面时，总是很痛苦；要么你被痛苦击倒，要么你把痛苦踩在脚下。

能够持久保鲜的，是自己内心的渴望；能够历久弥新的，属于自己的梦想。

目标就是有截止日期的现实。

梦想，只要不懈努力，都将变成闪耀的光芒。

梦想与现实的距离有远有近，关键看你如何应对和跋涉。

草活一世，为装点大地，烘托生机；人活一世，为追求理想，实现价值。

宁可失败在你喜欢的事情上，也不要成功在你所憎恶的事情上。

放手并非放弃，只是我们人生追梦途中方向的调整。

梦想有多远，世界就有多大，不敢做梦的人，将会一事无成。

许多人几乎一生都在捕鱼，却始终不知道，他们追求的目标不是鱼。

人如果没有梦想，就没有成功。

你能经历的最大冒险，就是过你梦想的生活。

真正让我们衰老的并不是年华逝去，而是理想消磨。岁月的流逝也许会在我们脸上留下印记，激情的消失却会在我们心中刻下皱纹。

当悔恨代替了梦想，一个人就真的老了。

这世界需要梦想家，也需要实干家，但世界最需要的是把梦想付诸实践的人。

没有行动的理想是白日梦，没有理想的行动是噩梦。

理想向内看是责任，向外看是抱负，向上看是信仰。

一个人如果看不到未来，这简直比赤贫还可怕。

任何梦想，只有靠一步一个脚印的踏实努力，才能最终实现。

现在的眼光，未来的理想，它们总在生命的一个拐角相遇。

别把欲望与理想混为一谈，欲望的尽头是物质的拥有，理想的终极是精神的充盈。

如果你没有梦想，那么你只能为别人的梦想打工。

这年头一点都不缺理想，缺的是把理想当回事的人。

不要放弃梦想，没有梦想就没有希望，没有希望就没有方向。

心怀希望，便没有不可到达的地方。

梦想就是让你感到坚持就是幸福的东西。

梦想就是你灵魂之书里面的插图。

梦想是今天对明天问题的回答。

自信地朝你梦想的方向前进，过你一直设想的生活。

信念是最宝贵的日用品，没有它我们将一贫如洗。

信念是在你即便没有看到整个楼梯的时候，勇敢迈出的第一步。

信念犹如一只在黑暗中破晓啼叫的雄鸡。

生活就是磨刀石，我们是被磨碎还是被磨亮，取决于我们自己。

成功是一把梯子，双手插在口袋里的人是爬不上去的。

一个人到处分心，就一处也得不到美满的结果。

想得到我们从未得到的东西，我们必须做出从未做的事情。

一个真正旅行家的行程是没有终点的，因为他并不打算停止脚步。

不可能的事往往是未曾尝试过。

信仰就是怀有一种崇高而坚定不移的信念，并为之奋斗终生。

每个通向成功的大门都有两个把手，一个是渴望，一个是信念。

挫折对弱者来说是块绊脚石，对强者来说是块垫脚石。

不是每一次努力都有收获，但是每一次收获都必须努力。

有志者事竟成，须持之以恒；善学者究其理，乃万里鹏程。

如果连自己都不相信自己可以拥有，那注定得不到。

有许多事情，不是因为我们难以做到才让人们失去信心；而是人们失去了信心，事情才变得难以做到。

路就是人走得多的地方，世界上不存在没有路的地方，路就是旅程的延伸。路的尽头，仍然是路，只要你愿意走。坚持走自己的路，但别忘了归途。

把弯路走直是聪明的，因为找到了捷径；把直路走弯是豁达的，因为可以多看几道风景。

前方无绝路，希望在转角。

一个人想要优秀，必须接受挑战；一个人想要尽快优秀，就必须去寻找挑战。

就算生活给你的是垃圾，你同样能把垃圾踩在脚下登上世界之巅。

人生伟业的建立，不在能知，而在能行。

在人生的征途上，每一个行进的足迹都伴着一个梦。

人，长着大脑，为的是思索人生；人，长着双手，为的是创造未来。勇往直前吧，即使跌倒了，你会从地上看到一个不同的世界。

世上没有绝望的处境，只有对处境绝望的人。

有远见没有行动，会是一场白日梦；有行动没有远见，会是一场噩梦。

宁愿在坎坷路上奔跑，也不要在安逸的地上踏步。

伟大的事业是源于坚韧不断地工作，以全副的精神去从事，不避艰苦。

内心仰望理想的人，都在低头踏实干活。

想达成目标，不但要有坚持下去的努力，还要有从头再来的魄力。

拥有信仰并不能确保你获得成功的人生，但至少可以让你的人生不会迷茫。

愈是运气不好，愈要沉住气默默振作，静静熬过去，切勿扰攘，制造笑柄，留下后患。

向自己奋斗目标飞奔的人，才是美好生活的播种者。

信念是一个人的立身之本。

同样的起点，不一样的终点，这就是心态的力量。

信念是人生的火把。

信心虽然不是钢铁，却能铸造出一条坚实的人生之路。

信念是人生征途中的一颗明珠，既能在阳光下熠熠发亮，也能在黑夜里闪闪发光。

体验人生奋斗过程的快意，跨越更高的标杆，你的生活因此而美丽，生命因此而富有价值。

世界上没有伟大的人，只有普通人勇于面对巨大挑战，然后做出伟大的事。

逆风的方向，更适合起飞，不怕万人阻挡，只怕自己投降。

人生最精彩的不是梦想的瞬间，而是坚持梦想的过程。

坦诚面对挑战，用心承诺明天。

我们现在的一切，都是过去思想的结果。

在每个困境里寻找胜利的种子。

再长的路，一步步也能走完；再短的路，不迈开双脚也无法到达。

经得住失败的人是勇者，经得住起落的人是能者。

只有吃过苦，才知道享受生活的美好；想在顺境中事业能够蒸蒸日上，就必须在逆境中经过一番锤炼。

人越往上走，心应越往下沉；心里踏实了，脚下的路才能走得安稳。

成功是一场和自己的比赛，与其期待别人做得比你差，不如努力让自己做得比别人好。

当明天的希望比昨天的过失对你更为重要，你就是充满活力的。

世上没有未完的事，只有未死的心。

当前后左右都没有路时，命运一定是鼓励你向上飞。

没有人会被真正击倒，除非他自己认命于失败。

压力是一盘甜点，只可惜很少有人愿意品尝它。

所谓勇气，就是不断经历失败，但是从不丧失热情。

一个小小的成功，往往能激发人的进取心，就会逐步走向大的成功，成就一番大事业。

如果从不尝试，等到的会是百分之百的失败。

坚定不移的信念与决心，是成就事业的源泉。

伟大的理想需要起落架，也需要双翼。

把目标瞄准月亮，即使你错过了还可以被众星簇拥。

不要因为清晨的一场雨就放弃旅行计划。

当你比应当做的还要多的时候，最终的回报也会超过你的预期。

创造力就是从我们已知的领域找出未知的领域。

成功就在失败的侧面。

成功者永不放弃，放弃者绝无成功。

在没有付出足够努力之前，请不要轻易说"不可能"。

面对生命，有的人在有限的生命里蜕变成最美，而有的人却在加倍消耗生命接近回归。

你的目标不是做一个单纯优秀的人，而是要做一个不可替代的人。

人生就像自行车，要保持平衡必须不断前进。

天才就是无止境刻苦勤奋的能力。

路不行不到，事不为不成。莫要由于侥幸取得一次收获，便否认踏实苦干是成就的基础。

勤奋是一条神奇的线，用它可以串起无数知识的珍珠。

没有激流就称不上勇进，没有山峰则谈不上攀登。

向着既定的目标，始终如一地勤奋努力，就会最终成功实现。

敬业为本，勤奋更能为敬业锦上添花。

懂得满足的人没有痛苦，坚持奋进的人永远年轻。

挫折磨难是锻炼意志、提供能力的好机会。

能证明你衰老的不是你脸上的皱纹，而是失去热情的灵魂。

立志要如山，行道要如水。不如山，不能坚定；不如水，不能曲达。

不经过痛苦的磨炼和摔打，很难得到真正的收获和快乐。

只有满怀勇气，不畏艰难，才能获得更大成功。

泪水和汗水的化学成分相似，但前者只能为你换来同情，后者却可以为你赢得成功。

确定你站在正确的位置后，下一步就是要牢牢站稳。

知道自己不能做到的永远要比知道能做到的重要得多。

耐心非一夜之间得到，就像锻炼肌肉一样，我们需要每天锻炼它。

关键时刻战胜恐惧而断然采取行动，这才是最重要的。

选一些有挑战的事去做，这样你的成功才有意义；但挑战也不能太大，否则你未必有成功的把握。

弯道并非路的终点，除非你始终不转弯。

当你攀爬成功的梯子时，要确认它已经架在正确的地方。

我们无法命令风改变方向，但我们可以调整风帆。

生活就像一个号码锁，你的任务就是找出合适的号码，找到正确的顺序。

一个人有生就有死，但只要你活着，就要以最好的方式活下去。

当你不知道想去哪里的时候，就回头看看你来时的方向。

如果想造船，先不要雇人去收集木头，也不要给他们分配任何任务，而是去激发他们对海洋的渴望。

选择就像是人位于一个岔路口，走哪条路都要靠他自己的决策。

目标定得少则明，多则惑。

无论是谁，只要走对了方向，世界就会给他让路。

机会没有耐心去等待，做出合理决定并付出实践是最好的抉择。

选择是我们天天都要遇到的问题，多观察、多审视加自己的判断，往往说起来容易做起来很难。

懒惰也许挺诱人，但只有工作才能给我们满足感。

决定我们成为什么样的人，不是我们的能力，而是我们的选择。

有时候，我们必须做当下最正确的事情，而不要纠结预见的风险。只有经历才有价值，人们之所以限制自己探索的脚步，就是畏惧牵涉其中的风险。

人生最大的遗憾，莫过于轻易地放弃不应该放弃的，固执地坚持了不应该坚持的。

始终专心留意脚下，并且从不盲目仰望山巅的人，才能登上更高的山峰。

不要说别无选择，也许，下一个路口就会见到希望。

遮住视野的不是远山，而是近丘；拦住脚步的不是大海，而是心河。

我们每一天都站在人生的十字路口做着艰难的选择，生命不止，选择不止。

走众人都选择的路是安全的，然而会经常遇到交通堵塞。

无论如何选择，只要是自己的选择，就不存在对错的后悔。

成功要分两步走：一是选择，二是坚持你的选择。

一个人知道自己为什么而活，就能忍受任何生活。

把烦心事放在心里，好比远行时鞋里有一粒沙子，如果不懂得及时倒掉它，一定会走得很辛苦。

世界上有一条路无论如何也不能走，那就是歧途。只要走错一步其结果都会是粉身碎骨。

如果在胜利面前却步，往往只会拥抱失败；如果在困难时坚持，常常会取得新的成功。

成熟由两部分组成，一半是对美好的追求，一半是对残缺的接纳。

一个人要有主见，具备判断是非的能力，才不会被别人的意见所左右。不要活在别人的舆论中，要靠自己的脚走路，靠自己的脑袋思考。

尽最大的努力，留最小的遗憾。

当我们做出选择是遵从内心的想法，而不是为了取悦别人时，做选择就会容易些。

有时候我们做错事，是因为该用脑子的时候，却用了感情。

对别人的耐心是爱，对自己的耐心是希望。

在正确方向上的一点推力，可以发生巨大的改变。

除非你忘记海岸，否则不会发现新的海岸。

无论是谁，无论在哪，一个懂得思考的人都会成为一缕阳光，一种力量。

生活从来不会刻意亏欠谁，它给你一块阴影，必会在不远处撒下一片阳光。

不要因为没有阳光而放弃春天，也不要因为没有掌声而放弃歌唱。

追求完美是美好的理想，接收残缺是美好的心态。

尽量关注你留下了什么，永远别看你丢下了什么。

生活不必非要完美，只要过得精彩。

如果你不为自己确定目标，你注定会为实现别人的目标而工作。

你的生命必须留有缝隙，那样阳光才能照进来。

生活中大多数阴霾都是因为我们挡住了自己的阳光。

如果道路是美丽的，我们不要问它最后通向哪里。

尽管积极态度不能解决所有问题，但它会使人们认为值得努力。

让脸面向阳光，你就不会看到任何阴影。

如果你看到面前有阴影，别怕，那是因为你背后有阳光。

人生的很多美好，需要我们用心去发现，用情去体会。

人永远都不会真正一无所有，至少还能拥有明天。

长得漂亮是你的优势，活得漂亮是我的本事。

蓝天下便是阳光，艰苦后便是甘甜；失败了就当经验，成功时便是
灿烂。

优等的心，不必华丽，但必须坚固。

爱我的人教我温柔。恨我的人教我谨慎，对我冷漠的人教我自立。

活着不一定要鲜艳，但一定要有自己的颜色。

我们有过各种创伤，但今天我们应该快活。

要么你去驾驭生命，要么生命驾驭你，你的心态决定谁是坐骑，谁是骑士。

闪闪发光的宝石就是我们自己，打开心中百宝箱照亮世界的瞬间，你的人生也翻开了新的一页。

笑对困境的人往往能不断收获生活的乐趣。

失败是暂时的，但放弃却可以让它变成永远。

即使最疲惫的河流，历经曲折，也终会安然入海。

当困难无法回避时，学会微笑面对也是一种智慧。

只有在寂寞面前淡然以对，才能在命运面前谈笑风生。

不要问自己今天收获了多少果实，你应该问自己今天播种了多少种子。

心中有所牵挂，生命才会坚强。

用你的笑容去改变这个世界，别让这个世界改变了你的笑容。

应该笑着面对生活，不管一切如何。

生活的唯一方法就是把每一分钟当作无法重复的奇迹。

能受天磨真好汉，不遭人忌是庸才。

优势不在于跑得快，而在于起得早。

成功秘诀存在于我们的脑子、心灵、双手和身体——而这一切都效忠于行动。

成功离你很近，只要再多一点坚持，你就会尝到胜利的果实。

只有做人成功，才能成为一个真正的人，才是真正意义上的成功。

世界上最神奇的两个词，认真和执着。认真的人改变自己，执着的人改变命运。

失败被分为两类，一种是只想不做，另一种是只做而从不思考。

真正的失败是不再尝试。

借口是建造大厦的一颗颗钉子。

很多的失败，是因为人们并没有认识到，他们在离成功仅一步之遥时却放弃了。

为了取得成功，必须先试错，为的是下次知道什么是不该做的。

成功者并没有在做与众不同的事，而是做事的方式不同。

关于成功的三句话：知道的比别人多，工作的比别人多，期待的比别人少。

创业的人不要去那些有路的地方，而应该在那些没路的地方留下足迹。

想成功，最靠谱的方法就是再试一下。

成功就是在别人都放弃时，你比他们多坚持的那一分钟。

成功有时候的确会带来孤独，因为别人都以为你已经拥有了一切。

一天做一件实事，一月做一件新事，一年做一件大事，一生做一件有意义的事。

除非你放弃，否则你永远不会是失败者。

有什么想法就下决心去做吧，因为最坏的想法就是等待。

要成功就不能有借口，有借口就不能成功。

无论倒下去多少次，只要最后的姿势是站立的就足够了。

每个成功人士都有段痛苦的经历，每一段痛苦的经历都有个成功的结局，所以我们坦然地接受磨难，并迎接成功。

成功多属于那些很快做出决定却又不轻易变更的人。

失败是调味品，丰富了成功的味道。

成功需要欲望，欲望越强烈就越能激发自己的力量。如果只有成功才能活下来，我们便再不会浪费时间去研究如何成功的问题，而是会付诸实践去努力实现成功。

成功的人，是今天比昨天更智慧的人，今天比昨天更慈悲的人，今天比昨天更懂爱的人，今天比昨天更懂生活的人，今天比昨天更懂宽容的人。

不仅要为成功而努力，更要为做一个有价值的人而努力。

在溪水与岩石的斗争中，胜利的总是溪水，不是因为力量而是因为坚持。

不要后悔任何一天，好日子给了你快乐，坏日子给了你经验。

现在你做别人不愿做的事，将来你就能做别人不能做的事。

成功的秘诀之一就是把绊脚石变成垫脚石。

失败指的并不是你跌倒那一刻，而是你没有爬起来的时候。

信心、毅力、勇气三者俱备，则天下没有做不成的事。

成功的人做别人不愿做的事，做别人不敢做的事，做别人做不到的事。

别人光鲜的背后或者有着太多不为人知的痛苦。

当别人说你是疯子的时候，你离成功就不远了。

很多事情是要承担风险的，如果不去尝试，便谈不上成功。

能取得成功的人，不一定占据了最好的开始，却一定是用心做到了最后。

一个人的成败，与他的心量有很大关系。

成功，不在于你赢过多少人，而在于你帮助过多少人；你与别人分享的越多，那你成功的机会就越大。

今天你认真努力了，明天你就会有收获。

只有把一切都付给现在，才是对未来的慷慨。

流星之所以美丽，在于燃烧的过程；人生之所以美丽，在于奋斗的过程。

没有礁石，就没有美丽的浪花；没有挫折，就没有壮丽的人生。

伟人对自己严厉，懦夫对别人严厉。

付出不难，让付出变得没有功利目的却没那么简单。

没有经过训练的天才就像穿着冰鞋的章鱼，只知道移动，但不知道如何向前，如何向后。

金钱不是万恶之源，对金钱的贪欲之心才是万恶之源。

控制自己的态度和情绪，不然你就会被它们控制。

掉进染缸里其实并不可怕，可怕的是在染缸里感觉良好。

光长着一双发现美的眼睛还不够，关键是你那眼睛必须还得能发现自己的丑。

道德这根标杆，很多时候用错了方向，因为人们总是用它来衡量别人。

你说过的话，做过的事人们也许会忘记，但人们不会忘记你是怎样一个人。

如果我们改变不了环境，就首先从改变自己开始。

承认和正视自己的缺点，是进步的开始。

穷困潦倒时，也记得要昂首阔步；春风得意时，也要记得脚踏实地。

你越优秀，世界对你就越苛刻。庸人犯了多少次错，都可以原谅，但是真正的精英，经不起偶尔的一次闪失。

修己，以清心为要；涉世，以慎言为先。

反省是向过去说再见，反悔是重新走向过去。

你坚持，方法就会越来越多；你放弃，借口就会越来越多。

做到难行能行，难忍能忍，难舍能舍，乃难得律己人品。

若想要小树能挺拔成长，我们得时而从它身上砍掉一些东西。

好为人师却不身体力行，就好比盲人掌灯。

真正的男人狂放而不傲慢，真正的男人谦虚而不自卑。

修养越高，举止越谦虚；力量越大，却越少出手；越富有，越愿意分享。

有智慧的人总是把嘴放在心里，而愚昧的人反而把心放在嘴里。

不要认为对你很难的事情，别人也很难完成。

当你的嘴巴里蹦不出比沉默更有意义的话语时，那就保持沉默。

做错了认错，是老实；不确定错而认错，是智慧。

有真才者，必不矜才；有实学者，必不夸学。

脾气泄漏了我们的修养，沉默道出了我们的品味。

自己丰富，才能感知世界的丰富；自己善良，才能感知世界的美好；自己坦荡，才能逍遥地生活在天地间。

以斤斤计较的态度去耕耘，以淡泊寡欲的态度去收获。

求教别人会显出你的无知，但你只会做分钟的无知者。不肯求教，你将永远是无知者。

有功不可以记功，有过不可以忘过。

有才而性缓，定属大才；有智而气和，斯为大智。

只要你不弯下腰，就没有人能骑到你的背上。

说话的人获得掌声，倾听的人收获启示。

真正的平静，不是避开车马喧嚣，而是在心中呵护一朵花开。

谦卑的心是宛如野草小花的心，不取笑外面的世界，也不在意世界的嘲讽。

不读洛阳纸贵之书，不赴争相参观之地，不信喧嚣一时之论。

性情的修养，不是为了别人，而是为了自己增强生活能力。

一个人如能经常用批评的眼光反思自己，则错误少矣。

人为善，福虽未至，祸已远离；人为恶，祸虽未至，福已远离。

当财富丢失了，你什么都不会失去；当健康丢失了，你会蒙受损失；当品德丢失了，你就失去了一切。

带着良心生活的人，就像开车时随时准备刹住车一样谨慎。

人品就像是树，而名声就如影子。影子只是想象而已，而绿树则是实实在在的存在。

美德就像是热气球，不点燃永远无法升空。

人的魅力通常是在智慧中，而不是在你的空谈中。

花香只会顺着风向传播，而人的美德却可以传播四方。

一个伟大的人因为他的行为而高贵，而不是靠他的血统。

在适当的时候，把机会让给别人，这是个明智的投资。

痛而不言是一种智慧，笑而不语是一种豁达。

诺不轻信，故人不负我；诺不轻许，故我不负人。

精明的最高境界就是厚道。

无品读之心，无待人之善，无刻苦之毅难成长。

美德像绮丽的宝石，如果镶嵌得淡雅，就显得更有风采。

德才兼备、公正无私、奖惩分明和亲和力强的管理者，无疑是令人尊敬、令人佩服的。

几乎所有的人都能在逆境中生存，但是如果你想真正了解一个人的品格，就给他权力。

没有道德的勇气，就是一头失去控制的野兽。

品德高尚的人，首先必须是有社会和家庭责任感及尊老爱幼的人。

用勇气改变可以改变的事情，用胸怀改变不能改变的事情，用智慧分辨两者的不同。

智能表现在下一次该怎么做，美德则表现在行为本身。

常静心以收心、寡酒色以清心、去嗜欲以养心、诵古训以警心、悟道理以明心、解民忧以安心。

品德高尚的人常做雪中送炭而少做锦上添花的事。

道德是一种修养，不是一种权利；道德最适合拿来约束自己，而不适合拿来压制别人。

忠诚常常能弥补智慧的缺陷，智慧却远远填补不了忠诚的空白。

无过是一种遐想，思过是一种成熟，改过是一种美德。

每当你不听从内心的引导，就会感到精力在损耗、力量在流失、精神在颓败。

不拿自己的长处与别人的短处比，其人精神上就是健康成熟的。

与人相处，要牢记一个"默"字；与家相处，要牢记一个"忍"字；与世相处，要牢记一个"宽"字。

永远不要羞于承认错误，因为你只是在说你比昨天明智而已。

伟人议论理，常人议论事，小人议论人。

积极向上，是一种感恩；努力进取，是一种责任；坚持不懈，是一种信心。

向着心灵呼唤的方向前进，一切都将得到满足；如果偏离了心灵航线，那么赐予你的一切都将不再真实。

我们不应该否认自己的能力，因为那是对责任的逃避。

爱情是责任、是义务，也是忠诚。

有能力担当的人应肩负更大的责任。

过好每一天就是对自己最大的负责。

没有责任的人也就失去了前进的目标。

婚姻的责任不仅是成家立业，更是让家人感到幸福。

德如深山幽兰，不言自芳；欲似长堤蝼蚁，无孔不入。

身做好事，言说好话，心存好念。

一个人有责任把这个世界的美好事物同他的邻居人分享。

生命，如果跟时代的崇高的责任联系在一起，你就会感到它永垂不朽。

谁为时代的伟大目标服务，并把自己的一生献给了为人类兄弟而进行的斗争，谁才是不朽的。

生活中最大的满足就是意识到应尽的义务。每个人都是为了某种事业诞生的。每个在地上行走的人，都有他在生活中应尽的职责。

尽量多做助人积德事，少做害人缺德事，无悔一生，善莫大焉。

只有懂得如何去尊敬别人，才能学会如何去爱。

人只有在不断帮助别人的时候，才能体会自己存在的价值和意义。

往往有时候尊重别人要比帮助别人更重要。

用真诚的热心去帮助你所能帮助的人，用真诚的善意理解你所遇到的事。

尊重别人，实际上就是在尊重你自己；帮助别人，实际上就是在帮助你自己。

放下架子尊重或帮助不屑一顾的人，你就是一个高尚的人。

一个人的尊严来源于你自身的不断修养和磨炼。

一个无私的人，应该是真心帮助别人而不求任何回报的人。

善良代表爱心，尊重代表友好；帮助代表真诚，感恩代表勿忘！

不要因为曾经帮别人做了一些有益之事而耿耿于怀，而对别人曾经帮你做的一些有益之事要终生不忘。

人生一世能感动自己的是得到尊重和帮助，感动别人的也是尊重和帮助。

友谊的源头不胜枚举，最纯净的源于相互尊重。

尊重是爱的礼物，这份礼物你无法购买，只能接受。

一个人需要别人的帮助，但是不能完全依赖别人。每个人都要面对自己的生活，不能要求别人为自己的生活负责。

如果为了争夺自己的话语权而无故剥夺了别人的话语权，这无疑是对人的不尊重。

给别人一个帮助你的机会，让他享受助人后的快乐，同时你享受被帮助的快乐！

人往往热衷拥有很多，却往往难以真正地拥有自己。

别抱怨别人不尊重你，先问问自己是否尊重别人。

当给予和应有的关爱与沟通相脱节时，那只是一次施舍；此时，"慈善"这个词也贬值。

同情弱者，应在尊重的前提下并给予适时的帮助，以唤起自信和奋起，使之经过不懈努力而成为强者。

不断为别人传递希望和爱心，应是做人的责任。

距离和独立是一种对人格的尊重，这种尊重即使在最亲近的人中间，也应该保有。

在你不断善待自己时，也要考虑经常善待别人，这就是对人的尊重。

如果你没有经历过别人的旅程，就不要评判别人走的道路。

一个温暖的目光，一句由衷的话语，能使人忍受生活给他的许多磨难。

真正的快乐，来源于宽容和帮助。

当你用不同的礼貌去对待不同的人，那并不是礼貌，而是面具。

尊重是一种肯定，是一种期待，更是一种力量。

当你发现赢得他人的尊重在于尊重他人，你就是值得尊重的。

当你发现帮助他人就等于帮助自己时，你就会是心甘情愿的。

细节不但能够决定人的交际是否顺畅，而且能反映出一个人的修养。

聆听是对说话人的一种尊敬。

一个人越想要受到别人的尊重，越要注意克制自己的日常言行。

世上没有卑微的职业，只有卑微的人。

尽你所能帮助最需要帮助的人，你就是值得尊敬的人。

谁若想在困厄时得到援助，就应在平日待人以宽。

知道虚心请教和尊重别人，他就是一个值得尊重的人。

懂得处事的人是在尊重别人的同时并不降低自己。

为人诚，则人信；办事勤，则业精；处世公，则民敬。

放弃该放弃的是无奈，放弃不该放弃的是无能；不放弃该放弃的是无知，不放弃不该放弃的是执着。

道路越是泥泞难行，越能留下深迹。

羡慕别人不如珍视自己。你以为没有的，可能在来的路上；你以为他拥有的，可能在去的途中。

不幸的事要冷静面对和慎重处理，人生坎坷要乐观面对和泰然处之。

诚信总会给你带来成功，但可能是在下一站。

进退有度，才不致进退维谷；荣辱不忘，方可以宠辱不惊。

诚信不仅是一种品行，更是一种责任；不仅是一种道义，更是一种准则……

你现在的付出，都会是一种沉淀，它们会默默铺路，只为让你成为更好的人。

人生中要懂得适可而止，生活中要懂得量力而行。

只要你的脚还在地面上，就别把自己看得太轻；只要你还生活在地球上，就别把自己看得太大。

为人要心底坦荡，不为虚名所累；做事要头脑清醒，不为假象所惑。

一杯清水会因一杯污水而变浑浊，一杯污水却不会因一杯清水的存在而变清澈。

马在松软的土地上易失蹄，人在甜言蜜语中易摔跤。

没有翻不过的高山，没有走不过的沙漠，更没有超越不了的自我。

一个输不起的人，往往是一个赢不了的人；一个不能忍的人，往往是一个没有精神追求的人。

好多人做不好自己，是因为总想着做别人。

付出不一定有收获，努力了就值得了。

长大的含义不是具备索取的能力，而是拥有牺牲的勇气。

你把周围的人看作魔鬼，你就生活在地狱；你把周围的人看作天使，你就生活在天堂。

在通往富足的路上，别忘了带上知足的心。

嫉妒是一把刀，最后不是插在别人身上，就是插在自己身上。

你的努力，别人不一定放在眼里；你不努力，别人一定放在心里。

你可以忘了受过的伤害，但不要忘记它给你的教训。

能得到别人的信任是幸福的，敢于信任别人是强大的。能否取得成功，取决于有多少人信任你；你强不强大，取决于你信任多少人！

青春的价值是你在为别人、为事业而付出更多时才体现出来的。

宽容别人，就是肚量；谦卑自己，就是分量；合起来，就是一个人的质量。

宽恕是比报复更加高尚，也更加稀缺的行为。

在练习容忍的过程中，一个人的敌人是最佳的老师。

懂得宽容的人，你有喜乐尊容时，为你鼓掌喝彩；当你需要帮助时，为你铺石开路。

处理一切事情的关键是忍耐。通过孵蛋你可以得到小鸡，要是砸碎就得不到。

如果你的世界沉闷而无望，那是因为你自己沉闷无望。改变你的世界，必须先改变你的心态。

软弱的人无法原谅别人，谅解是强者的品质。

宽容地对待别人的过错，正如对待自己的过错一样。

一个微笑的曲线可以让所有的事情变得笔直。

能对别人多宽恕些，也是对自己的一种宽容和提升。

不要因为一次挫败，就忘记你原先决定想达到的远方。

比跌倒的次数多一次站起来，你就是强者。

把自己从过去解放出来，前进的最好方法是别往后看。

如果命运折断了你的腿，他会教你如何跛行。

有些事无需争辩，时间会检验什么是对错。

活在别人的掌声中，是经不起考验的人。

生命不是一场赛跑，而是一步一个脚印的旅程。

不应嘲笑别人的愚蠢，因为这正是你学习的机会。

原谅你的对手，因为没有什么比这个更让他们苦恼的了。

宽恕是一剂良药，它会带来你意想不到的效果。

宽恕带来的震撼比惩罚更强烈。

如果心胸不似海，又怎能有海一样的事业。

广阔的胸怀、渊博的知识、精明的头脑、机智的反应、敏锐的行动、幽默的语言……是立志有所作为的人必须具备的。

两强相遇勇者胜，勇者相遇智者胜，智者相遇仁者胜。

如果别人朝你扔石头，就不要扔回去，留着它作建筑的基石。

宽容是送他人最好的礼物，但如果留给自己，则往往是堕落的开始。

原谅他人，其实就是升华自己。

智者以他人为鉴，愚者以自己为鉴。

弱者有千难万难，勇者则能披荆斩棘；愚者只有声声哀叹，智者却有出路万条。

难做的事和应该做的事往往是同一件事。

恨是世界上最可怕的毒药，笑是人与人之间最短的距离。

嫉妒别人不会给自己增加任何好处，也不可能减少别人的任何成就。

卑微时的豁达大度，才能在显赫时不骄不躁。

生活就像海洋，只有意志坚强的人，才能到达彼岸。

只要自己不低下头，别人就不可能踩在你头上。

干事业要像卒子，虽然走得慢，但是不会退缩。

对于过去，不要过分追悔，失去的永远无法找回；对于现在，不要过分吝啬，付出才是最好的拥有；对于未来，不要过分奢望，属于你的，都将在你要走过的路上。

心宽一寸，路宽一丈；若不是心宽似海，哪会有人生的风平浪静。

看透大事者超脱，看不透者执着；看透小事者豁达，看不透者计较。

真正的勇敢，就是在经历欺骗和伤害之后，还能保持信任和爱的能力。

人们总是想办法进入别人的生活。

世界如同一棵玫瑰花。悲观的人，只想它的刺可怕；乐观的人，只想它的香可爱。

认识一个人靠缘分，了解一个人靠耐心；战胜一个人靠智慧，征服一个人靠包容。

能够主动道歉的人，内心很强大；但能够主动原谅的人，内心更强大。

世界上唯一会随着时光的流逝而越变越美好的东西，只有回忆。

如果想要一个人信任你，请诚实；如果想要诚实，请真实；如果想要真实，请做你自己。

与其抱守残缺，执着于过去，不如轻轻放下。

读懂生命之重，才能看淡时光之轻。

没有内心的平静，就没有外在的安静。

所谓成长，就是逼着你一个人，踉踉跄跄地受伤，跌跌撞撞地坚强。

该发生的总会发生，不管你是否为此焦虑。向前走，向前看，生活就这么简单。

狡猾和聪明的差距不在智力上，而是在道德上。

只有内心越来越坚强，生活才会越来越轻松。

失败时容易变得谨慎小心，成功时容易变得骄傲放纵。

如果这个世界上只有欢乐，我们就永远也学不会勇敢和耐心。

美好的事物不会降临在傻傻等待的人身上，它只会降临在追逐目标和梦想的人身上。

宽慰的言词胜过最好的礼物。

受得小气，才不至于受大气；吃得小亏，才不至于吃大亏。

吃亏就是占便宜，占便宜就是吃亏，这是庄子退一步进三步之道理。

你能把忍功夫做到多大，你将来的事业就能成就多大。

生命的完整，在于宽恕、容忍、等待与爱；如果没有这一切，拥有了所有，也是虚无。

生命止于不再有梦，希望止于不再信仰；爱情止于不再在乎，友谊止于不在分享。

当我们是少数人的时候，就是考验我们勇气的时候；当我们是多数人的时候，就是考验我们宽容的时候。

当你对自己诚实的时候，世界上没有人能够欺骗得了你。

首先对自己对亲人真诚，才能谈对别人真诚无虞。

自信的人并非不犯错，而是不害怕犯错。

身体受伤可以治愈，名誉受损无法挽回。

经常许诺的人更容易失信于人。

人与人间的信任，实际上就像一张纸，一旦破损，就再难回到原来的样子。

用说谎来掩饰自己是可笑的。

帮助别人站起来并不会使你倒下。

诚信是人一生中最值得珍惜的财富。

想赢得别人的信任，你首先要真诚待人。

当你相信自己的时候，也正是世界开始相信你的时候。

教育是事业，其意义在于献身；教育是科学，其价值在于求真；教育是艺术，其生命在于创新。

美是一件柔软光滑的东西，因此它很容易从我们眼前滑过。

美丽仅能吸引注意力，但人格却牢牢捕捉别人的心。

只注重修饰外表的漂亮，无法得到内在的美丽。

每一个非同寻常的女性都有不完美的地方，但我相信这些缺憾只会让她的美丽更加非同寻常，因为不完美才是一个真正的人。

只有心的芬芳，才能绽放由内而外的美丽。

华丽的衣服只能代表身份，心灵才能代表美。

用生命影响生命是件美好的事。

女人内心与外在美的融合是最美丽的。

美貌吸引眼球，魅力吸引人心。

美丽的心态，温暖的情意，青春的朝气，健康的身体，是人之所求，也是人生一世之根本。

表面的美丽惊艳一时，心底的善良永存一世。

如果说美貌是推荐信，那么善良就是信用卡。

不要让你的良心迁就时下潮流。

虽然我们不能在这个地球上做什么伟大的大事情，但是我们可以做一件充满伟大爱心的小事情。

面对父母，你可常怀感恩之心。

如果你有一杯水，你可以自己享用；如果你有一桶水，你可以存放家中；但如果你拥有一条河，你就要学会与他人分享。

遇到贵人时，一定要好好感激，因为他可能就是你人生的转折点。

当一个人懂得感恩的时候，便会将感恩化作一种充满爱意的行动，实践于生活中，所以，感恩是一种传承、是爱的延续。

无条件的爱是我们的必修课，不仅对别人，还包括自己。

感恩有三种形式：在心里感激，在嘴上表达，用行动回报。

感动儿女的永远是父母，辜负父母的却时常是儿女。

人应怀着一颗感恩的心，感恩父母、感恩家人、感恩给予你关心和帮助的所有人，才会快乐阳光地生活！

对犯过错误的人来说，有时仁慈比法律更有效。

最难赠送的礼物之一就是善意，因为送出去后通常还会被送回来。

人有了感恩之情，生命就会得到滋润，并时时闪烁着纯净的光芒。

母亲是这个世界上唯一一个在认识你之前就爱你的人。

感恩是一种快乐的生活方式。

因为爱过，所以慈善；因为懂得，所以宽容。

凡有爱心和责任感的人，就不应该让受苦的人太痛苦了。

一个人时，善待自己；两个人时，善待对方。

知道感恩的人，最起码他是一个有良心、有道德的人。

人都应该是一个对别人的帮助懂得感恩的人，一个能理解别人工作难处的人，一个不把追求金钱视为唯一目的的人。

生活在此刻，让过去的过去，也别坐等未来，要用心生活。记住，你能呼吸的每时每刻都是上天的恩赐。

有时善人未必有善报。但一旦作恶，会不敢面对自己；一旦不为善，内疚如影随形，如重锤压身，所以，还是要为善。

爱是一种神奇的东西，无论你把它分多少次，它都不会减少。

不为任何代价、任何回报而付出，则能得到更真、更善、更美的境界。

感恩是精神上的一种宝藏，感恩即是灵魂上的健康。

如果你很富有，献出你的财富；如果你很贫穷，献出你的爱心。

懂得感恩的人，多为真诚无私，甘于奉献且重孝道之君子。

生活需要一颗感恩的心来创造，一颗感恩的心需要生活来滋养。

最善良的人像水一样，能滋养万物，但从来不跟万物相争。

爱是一首无声的歌，关爱，让人与人之间没有距离。

别人对你无比善良，是因为你本人就是善良的。

善良比聪明更难，聪明是一种天赋，而善良是一种选择。

给别人的恩惠要丢在水里，自己接受的恩惠要刻在石头上。

对给予你帮助的人一定要记得感恩与回报。

接受别人的帮助应牢记在心底，以感恩的心找机会回报。

热水不会忘记自己曾经很冷。

没有感恩就没有真正的美德。

善意是世界上最强大的能够产生实际效果的力量。

父母之恩，水不能溺，火不能灭。

慈的本意是爱心，善的本意是关怀。

你没有摘到的，只是春天里的一朵花，整个春天还是你的。

如果缺乏童心，世界将失去色彩。有的只是黑与白，是与非。

要想得到蜂蜜，不要踢翻蜂箱。

每一朵花，只能开一次，只能享受一个季节的热烈或者温柔的生命。

即使是最疲倦的河流历经曲折也终会安然入海。

晴天妩媚，雨天清新，刮风天豪爽，下雪天壮观，世界上没有坏天气，只有不同类型的好天气。

种子在泥土中发芽，花朵在阳光下绽放，黑暗和阳光同样重要。

花整个春天去选择种子，怕是要错过播种和收获的季节。

与其抱怨玫瑰园长满了刺，还不如为刺丛中长出了玫瑰而欣慰。

寻找宁静就如寻找长胡子的海龟一样不可能，但是如果你的心准备好了，宁静就会自动地来找你。

是否有激情不取决于自己，但能否掌控激情却取决于自己。

人拥有的东西越多，被控制的东西也越多，能够给予的就越少。

给予你所拥有的，只是给予一点而已；只有全身心的给予，才是真正的给予。

有一个地方，我们的生命总能重新变得鲜活，那就是我们心灵居住的地方。

幸福不会旅行，不能拥有、赚取或消费，它是每时每刻我们与爱、慈悲和感激共存的心灵的体验。

好好珍惜你现在所拥有的一切，你就是最幸福的。

享受当下而不迷失其中，是所有智慧最重要的基石。

人们在幸福时常常忘了感谢上帝，在痛苦时却总是记得质问他。

当我们失去的时候，才知道自己曾经拥有。

与己无缘者，随他来去；于己有缘者，好好珍惜。

微小的幸福就在身边，容易满足就是天堂。

没有人因水的平淡而厌倦饮水，也没有人因生活的平淡而摒弃生活。

追忆逝去的时光大多是幸福的岁月。

一生是有无数个今天组成，充实过好每一天，一生便会充实。

青春之所以珍贵，是因为一去永不复返。

平凡人生要用平凡的心去对待，你的人生将会更精彩。

人慢慢才知道对自己好的人，会随着时间的流逝越来越少。

如果你不知道自己想要什么，那么就当你拥有了，也会茫然不知。

很多人不快乐，因为总觉得过去太美好，现在太糟糕，将来又太缥缈。

我们回忆的不是某年某月，而是幸福的一瞬间。

用左手温暖右手，用右手点燃火炬照亮前方。

寒冬时节，一双温暖的手和一条温暖的毛毯同样重要。

生活应当是我们珍惜的一种经验，而不是要捱过去的日子。

再也不要把好东西留到特别的日子才用，你活着的每一天都是特别的日子。

让我们牢记，每个寻常的日子都无比珍贵，不要为了追求完美未来而忽视眼前时光。

珍惜幸福，但不要沉醉于幸福；承受痛苦，但不要死缠着痛苦。

不要把心思放在那些打倒你的人身上，去珍惜那些帮助你重新站起来的人吧。

只有努力书写好今天，明天的回忆才能美好与无憾。

人们常犯的错误，就是拿健康来换取其身外之物。

艳羡他人，只会输掉自己；珍惜所得，方能赢得世界。

不是烦恼太多，而是我们不懂生活；不是幸福太少，而是我们不懂把握。

每一天，每一分钟，每一口呼吸其实都是上天对我们的恩赐。

得不到你所爱的，那就珍爱你所得的。

不要对做过的事情说没有意义。

一个没有热情之火的人是无法温暖他人的。

最珍贵的不是得到和失去，而是已经拥有的部分。

人生只有一次，它提醒我要珍惜这易逝的时光。

用爱生活，你会自己幸福；用爱工作，你会使很多人幸福！

珍惜生命，首先要从珍惜今天开始。

一个人只有在赢得至爱的芳心后才算真正幸福。

在快乐被人分享的地方就有幸福。

幸福的转机总是藏在你最倒霉的运气里，只有耐心的人才能找到它。

幸福就像一块水晶，总在最闪亮的时候破碎。

对大部分人而言，旅行的乐趣主要是出发前的期待和返回后的回忆。

世界上的最大快乐莫过于开始。生活是美好的，因为每时每刻它都在重新开始。

人最大的幸福莫过于从焦虑中解脱出来，而最大的富有莫过于满足。

一个幸福的人不是处于某一种环境里，而是持有一定的态度。

幸福不是意味着凡事完美，而是忽略了不完美的东西。

幸福的生活，仅仅需要一双发现美丽的眼睛。

吃亏是福，平淡是真；与人为善，快乐安心。

健康是最大的利益，满足是最大的财产；信赖是最佳的缘分，心安是最美的幸福。

每个人、每个时期都有不同的幸福和烦恼，关键是你如何面对、理解和处理。

幸福没有隐藏，而是我们不曾用心去感受；幸福没有消失，而是我们不会欣赏。

当你能够平心静气、放弃执拗的时候，喜悦就会油然而生。

人有时感觉不到幸福，是因为在幸福之床上躺得太久。

幸福是一个孩子，她只是在和我们玩捉迷藏。

别忘了身体是一切，没有健康，无法享用人生所有的乐趣。

幸福不是一颗硕大的钻石，而是普通小石子和谐的组合。

别忽略那些离你最近的幸福，因为，幸福永远都在路上，而不是在路的尽头。

选择幸福，你就幸福；自给自足，是幸福最主要的因素。幸福就在生活里的每一件小事中。

学会坚守，因为幸福不会来得太快，也不会走得太急。

踏实静心愉快地过好每一天，你就是幸福的。

幸福就像一道光，除了让他照在自己身上，有时候也要让它照在别人身上。

人最幸福的，并不是终于得到了一束花，而是永远被花包围着。

快乐就是幸福，一个人能从日常平凡的生活中发现快乐，就比别人幸福。

幸福需要感觉，而不可以比较；生活需要经营，而不可以计较。

幸福不在于占有财富，而在于获得成就时的喜悦和产生创造力的激情。

现实的幸福比未来的幸福更有价值，因为未来的不确定因素太多，变化和贬值的可能性大，所以，把握好现在的幸福吧！

最幸福的人不一定拥有所有最好的东西，他们只是享受人生中遇到的东西。

愚蠢的人回到远方寻找幸福，聪明的人则在自己脚下耕耘幸福。

真实的幸福就在你的身边，而不在你的对面，你的对面是别人的幸福。

真正的幸福，不是活成别人那样，而是能够按照自己的意愿去生活。

知足，是幸福的保鲜剂；珍惜，是情感的保温瓶。

人们是自身幸福的建筑师。

了解生命而且热爱生命的人是幸福的。

心简单，世界就简单，幸福才会生长；心自由，生活就自由，到哪都有快乐。

幸福是一种心态，简简单单才最好。

没有部分的遗忘，就没有完整的幸福。

最先道歉的人最勇敢，最先原谅的人最坚强，最先释怀的人最幸福的。

人们在幸福到来的时往往会突然变得胆怯，抓住幸福其实比忍受痛苦更需要勇气。

幸福不是属于追逐它的人，而是属于珍视它的人。

最幸福的人不一定拥有最好的东西，但却一定物尽其用。

幸福无处不在，只是我们总习惯眺望远方，却不肯凝视身旁。

幸福的人，随时都在感受自己有多少幸福；不幸福的人，随时都在计算自己有多少痛苦。

幸福对每一个人虽有不一样的理解和感受，但基本相同的是心情畅快和某种需求的满足。

建筑在别人痛苦之上的幸福，不是真正的幸福。

心存希望，幸福就会围绕着你；心存梦想，机会就会伴随着你。

感觉自己幸福的人，是真幸福；感觉自己聪明的人，是真蠢笨。

所谓幸福不是学会如何获取面包，而是在吃面包时每一口都觉得香甜。

幸福不是我们拥有自己想要的东西后才能出现的，常常是我们先选择让自己幸福，然后才能得到的。

幸福不是要拥有很多，而是要看重拥有的，看淡无法拥有的。

这世上并非没有简单的幸福，只是我们总是纠结那些复杂的快乐。

人总是在接近幸福时倍感幸福，在幸福进行时却患得患失。

获得幸福的最大障碍就是总在期待更大的幸福。

世界上最永恒的幸福，就是平凡；人生中最长久的拥有，就是珍惜。

幸福其实就是，能力恰恰比欲望多一点点；运气出现在力气用光前一点点。

幸福，不是别人口中的赞美，而是自己内心的安详。

幸福这东西，一点都不符合牛顿的惯性定律，总是在滑行得最流畅的时候戛然而止。

幸福应该来得巧，而不是来得多。就像口渴时喝上一杯冰麦茶，而不是吃撑时再上满汉全席。

幸福的泪由劳动的汗水酿成；失望的泪只有用奋斗才能抹去。

当你审视自己的人生，就会发现最大的幸福是家庭的幸福。

时间的洗礼，是懂他的人告别了青春、理想、守候和坚持；收获的是成熟、理解、追求和真爱。

没有十全十美的人，只有实心实意的心；心踏实下来，日子才能安稳下来，即心安才是归处。

说真话的好处是，你不必记得你说过的任何东西。

当你和听众之间的距离缩短时，较大的亲密感就随之而产生了。

当别人不发一言而点头时，就是你该停止说话的时候了。

鼓励之言，催人奋进；机智之言，扭转局面；幽默之言，活跃气氛；恶意之言，伤人弃友。

多说少听易出错，少说多听是智者。

莫说他人短与长，说来说去自遭殃；若能闭口深藏舌，便是修身第一方。

说话别夸张，为了一时效果惊人，你要付出不靠谱的代价。

快乐不是别人给的，只有自己能让自己快乐。

人生可以肯定的失败和最大悲哀，莫过于从不敢冒险。

杞人忧天并不能减少天的负担，但是会带走今天的快乐。

讲话厚道者，乃多福之人；讲话尖酸者，乃薄福之人。

培养好自己的气质，不要争面子；争来的是假的，养来的才是真的。

得理要饶人，理直要气和。

听听他们如何评价他人，就知道他们会怎么在背后议论你。

不耗时间批评别人，多花时间改善自己。

人生的道路总是坎坷不平的，愿春水能流走所有的失意和不快；愿我们做棵忘忧草，忘记所有的忧伤和烦恼，在岁月的磨砺中由软弱变得坚强。

在最悲伤的时候，不能失去信念；在最幸福的时候，不能忘记挫折。

敞开心扉，知己就不再难寻。

镜子只能照出你的外貌，而生活却能洞照你的心灵。

一个人的胸怀能容下多少人，才能赢得多少人。

舌头犹如一把锋利的刀，杀人不见血。

时而大胆，时而谨慎，这就是成功的艺术。

谨慎诚然不能避免所有不幸，但鲁莽却总能招致更多灾祸。

给予之前，想一下；接受之前，再三考虑；求索之前，思考万遍。

自由意味着责任，这就是大部分人惧怕它的原因。

人真正的职业是走进自己的内心。

聪明人静思领悟，愚蠢人对事事评头论足。

每个人都有一个死角，自己走不出来，别人也进不去。

没有付出任何努力而渴望成功，无异于在没有播种的土地上等待收获。

要说服一个人，最好的办法就是为他着想，让他也能从中受益。

在你批评别人之前，应该先穿上他们的"鞋"走一走。

相信一切和怀疑一切的人的共同点是：两种人都省去了思考。

重复别人走过的路，是因为忽视了自己的双脚。

人生最大的敌人是自己，人生最大的失败是自大，人生最大的愚蠢是自欺。

多站在别人的立场上考虑问题，如果一件事情对你来说是种痛苦，对别人来说也是一样。

不要随意对人做出评价，直到你站在他的位子。

憎恨某人，优点被看成伪装；喜欢某人，缺点变成美好。

沟通并不在于我们说的话有多少，而在于被对方所理解的话有多少。

对任何事情，如果能换个角度去看，往往就变成另外一回事。所以，请大家多倾听，多观察，少抱怨。

一个成熟的人往往发觉可以责怪的人越来越少，人人都有他的难处。

不要企图面面俱到，总会有人不满意。

对于你所拥有的，要心存感激，这样你就会拥有更多。对于你所没有的，如果念念不忘，你永远都不会满足。

人偶尔要回头看看，否则永远都在追寻而不知道失去什么。地球是运动的，一个人永远不会处在倒霉的位置。

如果不幸福，不快乐，那就放手吧；如果舍不得，放不下，那就痛苦吧。

偏见里总带有零碎的真相。

尝试让别人去读懂你，好过挖空心思去读懂别人。

坐在桌前，不要忘了椅子的功劳。

要想理解别人，最好站在他的位置。

只有理解他人，才有可能理解自己。

健忘是一种难堪的病态，善忘是一种难得的境界。

人之所以活得累，是因为放不下架子、撕不开面子、解不开情结。

人到了暮年，比起自己干过的事，会更后悔没有干过的一些事。

昨天已经远去，曾经的辉煌也已经变成遥远的回忆。

面对不公平的东西，不要抱怨，你的不公平可能恰恰是别人的公平。所以，你不如去努力奋斗，争取自己最合适的公平。

持黄金不为珍贵，知安乐方值千金。

人总是说"如果"，可现实世界只有太多的"但是"。

人的心理健康来源于良好的心理状态，"换位思考"无疑是一剂灵丹妙药。有了它，太多的烦恼、误解、疑惑、忧郁都可以迎刃而解了。

当你再也没有什么可以失去的时候，就是你开始得到的时候。

虽然你举不起自己，但一定要看得起自己。

人在旅途，就会坎坷崎岖。

人生的目的就是过一个有目的的人生。

放假，就是放空自己的一切，包括智商；于天地日月间，体味我们最简单的存在。

不要为旧的悲伤浪费新的眼泪。

没有放弃，怎能拥有；不守寂寞，岂见繁华。

算得出价值的感情，根本没有价值。

生活不够精彩，可能是我们的眼睛总是盯着"乌云"不放。

为了肯定自我而否定周围的一切，实在太狭隘了。

容易生气的人，只是想通过生气证明自己正确罢了。

怎么让别人理解你的话，比你想如何表达更重要。

能够重视自己内心感受的人，也能够体谅别人的感受。

重视自我跟了解自我是有区别的。

好与坏，是与非，都不是问题，事情能否顺利进行才是最重要的。

无论心情舒畅，还是情绪抑郁，都不要沉溺太久。

成熟就是在表达自己的感情和信念的同时，也能体谅他人的想法和感受的能力。

时间就像一张网，你撒在哪里，你的收获就在哪里。

自己不想做的事情，不要总是要求别人做到，凡事换位思考，理解是金。

不摘掉"偏见"的眼罩，你的心就不会辽阔；不打破心灵的禁锢，你的肩头就不会轻松。

北风无论怎样猛烈，行人只是将衣服越裹越紧；而南风只是拂动，人们就热得敞开大衣。

船停在港湾里非常安全，但那不是造船的目的。

有些话我们说了却做不到，那是因为我们还年轻；有些事我们做了却没说，那是因为我们成熟了。

许多人不断地追求巨大，其实只是被内在的贪欲推动着，就好像买了特大号的鞋子，忘了自己的脚一样。

只有守住秘密的人，才能得到更多的秘密。

再高的人有时也需踮足，再矮的人有时也需屈身。

令人沮丧的往往不是事实，而是比较。

你有足够的理由佩服每天早起的人，不信的话，你去做，做到后会发现有很多人佩服你呢。

小人固当远之，然也不可显为仇敌；君子固当亲之，然也不可曲为附和。

与世人酬酢，唯以忠恕为怀，则一切时，一切处，恶念自无从而起。

平生无一事可瞒人，此是大快。

勿吐无益身心之语，勿为无益身心之事，勿近无益身心之人，勿入无益身心之境，勿展无益身心之书。

不卑不亢，仪容固宜有度；谦虚恭让，语言尤贵有章。

为人骨宜刚，气宜柔，志宜大，胆宜小，心宜虚，言宜实，慧宜增，福宜惜，虑宜远。

精明也要十分，只须藏在浑厚里作用。古今得祸精明人十居其九，未有浑厚而得祸者。今人唯恐精明不至，乃所以为愚。

养成敦厚正直的品格。敦厚故，隐恶扬善处处替人着想；正直故，急公好义，言所当言。

挫折自己的锐气，化解自己的愤怒，收敛自己的智慧光芒，不使自己显得太特殊，即所谓和光同尘，韬光养德。

人既不能离群独居，处世就要中道，冷冰冰或热情过分都不好。

对失意人莫谈得意事，处得意日莫忘失意时。

人有喜庆，不可生嫉妒心；人有祸患，不可生欣幸心。

待人处世的态度不可太轻率，否则将为事物所困扰，而无法修养自己的身心，但也不能太过分慎重，以致为外物所拘泥，而失去洒脱自在的气度。

是非窝里，人用口我用耳；热闹场中，人向前我落后。

知行知止唯贤者，能屈能伸是丈夫。

宁可清贫自乐，不可浊富多忧。

声名显著，守之以敛藏；利养丰饶，守之以俭朴；瞻仰人多，守之以谦下；朋侪嫉妒，守之以和忍。

处世让一步为高，退步即进步的张本；待人宽一分是福，利人实利己的根基。

小人专望人恩，恩过不感；君子不受人恩，受则难忘。

如果无能为力，那就顺其自然。

没有过不去的事情，只有过不去的心情。

喜欢的就争取，得到的就珍惜，失去了就忘记，这就是大度。

成熟的人需要面具，戴上，坚强面对社会；摘下，温柔面对家人。

大多数不开心的人，往往低估了自己所拥有的，而往往高估了别人所拥有的。

有些事情不必抬杠，服从和对抗都不是绝对的。

有时候我们自以为不可或缺，其实我们并没有自己想的那么重要。

缺乏信任的感情，就像一部没有信号的手机，只能玩游戏。

得意时应善待他人，因为失意时你会需要他们。

对待自己要用脑，对待别人要用心。

别因畏惧结束，就拒绝选择开始；别因担心跌倒，就拒绝选择站立。

相信自己有福气，但不要刻意追求；相信自己很坚强，但不要拒绝眼泪。

有时候，你以为的归宿，其实只是过渡；你以为的过渡，其实就是归宿。

一艘没有方向的船，不管什么方向的风都是逆风。

人生有两大悲剧：一是得不到想要的东西，二是得到了不想要的东西。

所谓贪心，就是最难被填满的一种存在。

太在乎别人就会忘了自己，太在乎自己就会忘乎所以。

真正的成熟，就是长大了还能重新找回小时候玩游戏的那种认真。

能够认识别人是一种智慧，能够被别人认识是一种幸福，能够自己认识自己是圣者贤人。

修改自己就是修改世界，每个人都改变，世界自然会改变。

能够把自己的架子放得足够低，那才是真正的尊贵。

不要酸刻地贬低别人，更不要过分地夸耀自己。

十分不耐烦，乃为人大病；一味学吃亏，是处世良方。

任何事物的处理，都要站在对方的角度去考虑，权衡多方的利益，求同存异，才能找到前进的方向。

志得意满时，需要淡然，给自己留一条退路；失意落魄时，需要泰然，给自己觅一条出路。

生活中最可悲的一点就是，我太过热衷于揣度别人，却未曾认真地了解自己。

太阳不会因你的失意，明天就不再升起；月亮不会因你的抱怨，今晚就不再降落。

有时候不是对方不在乎你，而是你把对方看得太重。

赢在不该赢的事上，比输在该输的事上，输得还彻底。

你学会了如何把担忧和焦虑抛到一边，生活在每一天里吗？今天是你余生的第一天！

如果我说我想一个人静一静，其实我比任何时候都需要你。

困难之际有人相助，相助之后由己相记，相记之时当图相报，相报之刻尤应相力。

蒙住自己的眼睛，不等于世界就漆黑一团；蒙住别人的眼睛，不等于光明就属于自己。

在争论中是无法击败无知者的。

思虑过多的人成事寥寥。

求而不得，舍而不能，得而不惜，这是人最大的悲哀。

因为不同的音符，才奏出华彩的乐章，人生也是如此。

不断发现好事，果断地扔掉坏事，坚信曙光在前。

健康的态度具有感染力，感染别人比等待被感染更快乐。

真正的乐观：知道有困难，却相信始终能克服；看到消极一面，却努力寻找积极一面；有足够的理由抱怨，却选择微笑面对。

没有一种营养品像幸福，它是不老长寿药；没有一种疾病像悲痛，它是毒药。

真正的快乐不见得是愉悦的，它多半是一种胜利。

胜利来得越是艰难，感受到的快乐越大。

欲望得不到满足是痛苦，欲望一旦满足又是无聊。生命就是在痛苦和无聊之间摇摆。

焦虑是困难真正发生前我们提前支付的利息。

愉快的笑声，是精神健康的可靠标志。

快乐要懂得分享，才能加倍地快乐。

要求别人是很痛苦的，要求自己是很快乐的。

当你快乐时，要记住快乐不是永恒的；当你痛苦时，也要知道痛苦亦不是永恒的。

不要在别人的拥有里寻找自己的痛苦，不要在已有的缺陷里刺激更大的自卑。

事事反己，世上尽可恕之人；时时问心，腹中少难言之隐。

离开了就别安慰我，要知道每一次缝补也会遭遇穿刺的痛。

真正乐观的人并不相信万事如意，相反，他们确信不是每一事都会一帆风顺。

无论多么不重要的一件事，只要乐在其中，都会获益无穷。

你不能阻止悲伤之鸟飞过你的头顶，但你能阻止它在你的头发里筑巢。

快乐的秘诀：不是做你所喜欢的事，而是喜欢你所做的事。

人们烦恼、迷惑或痛苦，实因看得太近，而又想得太远。

人生的意义就是在不同的阶段，胜任不同的角色。

不懂得快乐之道，烦恼便永远跟随你；人要从心底里快乐起来，生活里才会处处布满阳光。

不要把你快乐的钥匙放到别人的口袋里，要把它拿在自己的手里。

生活中如果没有波澜险阻，就会变得平淡无奇。

在生活的每一天，我们都在向孩子们的记忆银行里存款。

快乐活在当下，尽心就是完美。

每个人都希望有一个快乐人生，但都是在快乐与痛苦交替中度过的。有时快乐占比多，应好好维护；有时痛苦占比多，应注意查找原因之所在，尽快修正它。

独乐不如与人乐，独享不如与人享。

人生就是一杯茶，不会苦一辈子，但总会苦一阵子。

让我们总是微笑相见，因为微笑就是爱的开端。

快乐的人不一定懂得感恩，但懂得感恩的人一定很快乐。

眼泪的存在，是为了证明悲伤不是一场幻觉。

低头要有勇气，抬头要有底气。

发光并非太阳的专利，你也可以发光。

一个不欣赏自己的人，是难以快乐的。

今天没有必要为明天的烦恼担忧。

不要为别人的评价而自寻烦恼。

快乐的秘诀其实很简单，那就是：追逐美好的未来，忘记遗憾的过去。

杞人忧天，并不能减少明天的负担，但会带走明天的快乐。

人生有两种境界，一是痛苦不堪，二是笑而不语。

世界上没有绝对让人开心的乐园，只有相对的能自己找乐的人。

如果敌人让你生气，那说明你还没有胜他的把握；如果朋友让你生气，那说明你仍然在意他的友情。

不要总觉得被轻视，先问问自己有没有力量。

痛苦的秘密在于有闲情去为自己是否幸福而担心。

快乐应该是美德的伴侣。

热情中的冷静让人清醒，冷静中的热情使人执着。

笑是一种没有副作用的镇静剂。

乐观都于一个灾难中看到一个希望，悲观都于一个希望中看到一个灾难。

为什么你不快乐？因为你所做的事、所说的话和所想的问题都是为了你自己。

当你评论一些人的时候，你不是在评价他们，你是在评价自己。

悲观是一种传染病，而乐观是一剂神奇的良药。

独坐静思是一种自我考验。

有些人永远学不到人生的智慧，因为他们总是理解得太快。

变化是生活的主旋律，沉浸在过去的人注定会失去未来。

生活的悲哀在于，我们常常在致力于力所不及的事情时，忽略了力所能及的事情。

模棱两可是谎话的近亲。

沉默并非是智慧的标志，但喋喋不休永远是愚蠢的。

微笑就像汽车的雨刷，虽然无法让风住雨停，却能帮助我们继续前行。

觉得没有他人也可以生活的人错了，而认为所有人离开他就无法生活的人则是大错特错。

因为害怕冒险而拒绝进步的人，迟早会被生活吞没。

名利就像海水，喝得越多，渴得越厉害。

所谓愚蠢，就是重复做着同样的事却期待有不一样的结果。

反省是告别过去的错误，后悔是再次走向过去的错误。

那些从不接受意见的人是愚蠢的，而那些接受所有意见的人更愚蠢。

怀疑并不是缺点，总是怀疑而不下断语，这才是缺点。

想改变世界的人多，想改变自己的人少。

人们常常后悔的是人生中没有尝试过的事情，而不是做过的事情。

坚定而不固执，勇敢而不鲁莽；沉着而不寡断，机智而不诡诈。

人生一世难免犯错误，但如果不计后果犯下原则性错误是不可原谅的，因为其所造成的危害和后果是无法挽回的。

与其等着别人爱你，不如自己努力多爱自己一点。

时常盘点人生，无论你成功或者失败，都会有所收获。

一生不犯错误的人是没有的。关键的是少犯重复的错误。

生活中真正的勇士向来默默无闻，喧哗不止的永远是自视高贵的一群。

众人都抱怨自己的记性，却鲜有人质疑自己的悟性。

很多在人生途中匆匆走捷径的人，到头来却要在无奈的等待中苦苦煎熬。

善意的谎话有时比实话更可爱。

谎话一旦开了头，就会一发不可收拾。

成熟不是心变老，而是眼泪在眼里打转却还保持微笑。

冠冕堂皇的理由，不是让对方好过，而是让自己好过。

把今天的事推到明天做，谁知会不会像樱花一样等不到明天，也许半夜就被风吹落了。

安莫安于知足，危莫危于多言；乐莫乐于好善，苦莫苦于多贪。

一个人永远都不要羞于承认自己的错误，承认错误不过是表明今天比昨天更明智了。

攀比是快乐的尽头和不满的开始。

伟大的成功，从小小的决定开始。

人生最大的悲哀就是把别人的债务变成了自己的。

人生三遗憾：不会选择，不坚持选择，不断选择。

让自己从容地走在淡泊的路上，不要憔悴挣扎在名利的途中。

别把他人看得过重，也别把自己摆得太高，这样的人生才能少些负累。

坚持自己该做的事，是一种勇气；绝对不做那些良知不允许的事，是另一种勇气。

有时候，我们必须闭上嘴，放下骄傲，承认自己错了，这不是认输，而是成长。

表面的激烈是由于内心的单薄，真正的力量如同流水般沉静。

补救一个错误，与时间无任何关系；主动寻找一个开始，永不为迟。

人人都能从蜡笔学到很多东西：有的尖利，有的粗钝，有的漂亮……支支颜色各异，但它们都必须学会住在同一个盒子里。

犯错是人之常情，勇于承认错误即超越了凡夫俗子。

人在创业奋斗过程中难免犯错误，关键是不放弃。

可以忘了受过的伤害，但不要忘了它给你的教训。

如果不照镜子，人们总无法找到自己。

别为暂时不知道自己的长处而犹豫不决，勇敢地开拓吧。

不要让你所拥有的东西占据了你的思想情感。

凡是值得做的事，就值得做好。

要留下人生足迹，就必须一步一个脚印；要少走人生弯路，就必须三思而行。

你生活在别人的眼神里，就会迷失在自己的心路上。

即使是不成熟的尝试，也胜于胎死腹中的策略。

不要祈求生活变得更简单，该祈求的是自己能变得更坚强。

一个人不必行走在高原大漠，但内心一定要海阔天空。

人静而后安，安而能后定，定而能后慧，慧而能后悟，悟而能后得。

变老并不等于成熟，真正的成熟在于看透。

人生的日子都是越过越少，剩下的日子都是越来越重要。

忍受得住孤独，但别忘了敞开你的胸襟；经得起失败，但别忘了重新把握机会。

翅膀长在你肩上，如果你太在乎别人对你飞行姿态的批评，你就永远不可能飞起来。

追求自身的简单和丰富，才不会被世尘的一切所蛊惑。

如果没有经历过失败，成功也就显得不再可贵。

认清自己，非得意时人们所说的那么好，也不是失意时人们所说的那么差。

不要让心灵成为欲念深重的泥潭，而要让它成为清洁自在的乐园。

每一种创伤都是一种成熟。

人们总是探寻不确定的东西，却不把缺点的东西放在心上。

只有真正认识自己，才能认识整个人生。

要知道，实际上最优秀的人就是你自己。

年轻岁月固然酣畅淋漓，但经历世事后的宠辱不惊，才是最动人的华美。

你经常考虑自己的心情，然而对于"别人现在是什么心情"这一点，却从来没有想过。那么，你现在可以开始了。

只想过别人对自己的影响，却从未考虑过自己对别人的影响，这缘于你的不智、幼稚，还有不成熟。

一个频频回头的人，是走不了远路的。

谁都无法告诉你生存的意义，只有靠你自己去寻找。

只要行动，一点都不晚，抓住当下就是人生的最好时机。

不应要求别人跟自己一样，既然是别人，就必然有别。

每个人都是书写自己历史的作家，写得好坏别人都看得清楚；一旦自己感悟到想重写，但已经晚矣。

云霾在黑暗中发愁，竟忘记了遮住太阳的就是它们自己。

我们总能找到无数理由让自己止步不前，但其实有更多理由值得我们放胆一试。

无论你犯了多少错误，或者你进步有多慢，你都走在了那些不曾尝试的人前面。

有能力爱自己的人，才有能力爱别人。

谁伤害过你，谁击溃过你，都不重要，重要的是谁让你重现笑容。

如果你没有走过奋斗的道路，就必定会陷入苟安的泥沼。

当为之时要朝气蓬勃，不为之时要心如止水。

只有无所事事的闲人才会感到无聊和疲倦。

这个世界只有想不到的，没有做不到的。

要想事情改变，首先自己要变；只有自己改变，才能改变世界。

得到一件东西需要智慧，放弃一样东西则需要勇气。

如果你希望一切都变得美好，就从改变自己开始。

迷失自我的三个诱因：肤浅的羡慕，无聊的攀比，笨拙的效仿。

发现别人是容易的，发现自己是困难的。

这个世界没有不曾受伤的人，只有不愿痊愈的自己。

打开失败旁边的窗户，你也许就会看到新的希望。

靠山山会倒，靠人人会跑，只有自己最可靠。

人变老的标志是遗憾取代梦想。

金钱就像水，缺了它会渴死，贪图它会淹死。

好心情，才会有好风景；好眼光，才会有好发现；好思考，才会有好主意。

走在光滑的冰面上容易摔倒，是因为没有坎坷。

不要虚荣地追求外表，它会骗人；不要拼命地追求财富，它会消失。

响得最厉害的轮子，不一定最先被上油，更有可能被换掉。

你想去跳舞就不能害怕踩别人的脚。

这一刻努力去做，下一刻就会变得容易得多。

如果你深陷困境，不要担心，一切都会变的；如果你顺风顺水，也不用得意，一切也都会变的。

不是所有的改变都是成长，不是所有的移动都是前进。

人生的路有很多种，唯独没有的就是回头路。

有些事情要等到你渐渐清醒了，才明白它是个错误；有些东西等到你真正放下了，才知道它的沉重。

预言的最终功能不是告知未来，而是创造未来。

有时候，让我们后退的不是前方的对手，而是后面的退路。

人总是在年轻的时候相信许多假东西，年纪大了又开始怀疑许多真东西。

不要等到同龄人都成功了，才知道自己玩物丧志。

每种红酒都有沉淀，每个人都有缺点。

一生中烦恼的事情太多，但大部分担忧的事情却从来没有发生。

一个没有秘密的人，不一定幸福；一个有许多秘密的人，一定很痛苦。

敌人的示弱，只是为了以最小的代价消灭你。

在人之上，要把人当人；在人之下，要把自己当人。

所见所闻会改变一生，不知不觉会断送一生。

青春既然不能被拒绝也不能被挽留，就让我们以自己的方式珍惜。

一旦你找不到对自己的定位，那么就不得不遵从别人对你的安排。

待有余而济人，终无济人之日；待有闲而读书，终无读书之时。

在专家眼里完全不可能的事，在门外汉那里，却有很多可能性存在。

人生好比一辆车，欲望是油门，知足是刹车，油门和刹车控制得当，汽车才能开得平稳，走得长远。

随缘不是给平庸找借口，而是为生活觅个出口。

问题很简单，复杂的往往是自己的脑袋。

心中有杂草，就会夺去丰收，结出恶果。

没有危机才是最大的危机。

思路清晰比卖苦力更重要。

不是井里没有水，而是挖得不够深；不是成功来得慢，而是放弃速度快。

心态正确远比现实表现重要，选对方向远比努力做事重要，做对的事情远比把事情做对重要。

令人筋疲力尽的并不是要做的事本身，而是事前事后患得患失的心态。

有时候荒诞的一切看起来是那么正常，正常的一切看起来又那么荒诞。

许多人发现，财富只是改变而不是终止了痛苦。

每个人都有一个与众相同的自我和一个与众不同的自我，只是所占的比例不同。

不在今天开始行动的事情，明天永远不会完成。

人生在世，不要把油滑当成智慧，也不要把偏激当成执着。

不要对过去念念不忘，要知道，接纳现实是远离不幸的第一步。

谎言像一朵盛开的鲜花，外表美丽、生命短暂。

在做好君子时也要防着一点小人。

记住，一定要在别人添油加醋前，承认自己犯下的错误。

如果一切事物都是美的，那美就不存在了。

当你有能力书写人生故事的时候，不要把笔交给别人。

生命是一个过程，可悲的是它不能重来，可喜的是它不需要重来。

批评应是严正的、尖锐的，但又应是诚恳的、坦白的、与人为善的。

遮掩错误，就是躲避真理。

父无责儿难孝，母非善女难惠，小不教难成器。

当我们无法确认机会是否到来时，往往会怨天尤人。

平淡的日子里，陪伴是朝花夕拾；风雨的日子里，陪伴是同甘共苦。

有时候，你只需要振作自己，继续生活。

失败并不可耻。失志才是可悲。

为人处事靠自己，背后评说由他人。

不懂行动，再聪明也难以成功；不懂满足，再富有也难以幸福。

能让你走得更高远的是友善与勤奋，而不是智力。

许多人爬到梯子的顶端，却发现梯子架错了墙。

人生的道路上，你越努力，运气就越好。

繁华三千，看淡即是云烟；烦恼无数，想开就是晴天。

当内心被欲望束缚着时，双手张开，放下执着，便能逍遥自在。

浪漫是一袭美丽的晚礼装，但你不能一天到晚都穿着它。

第一不如唯一，完美不如完善。

一个国家谁在看书，看哪些书，决定了这个国家的未来。

人生的价值，不是用时间而是用深度衡量的。

阳光之下，清名自立。

人生最大的痛苦莫过于没有人需要。

心怀热爱完成的工作是最有成效的。

摆脱掉敌人的最好办法就是把他变成朋友。

在绝境中，有时最大胆的计划最可靠。

世界上最珍贵、最美丽的东西是看不到、摸不着的，但能在心理感受得到。

最想说什么的时候，应是最沉默的时候。

最漫长的旅程，应是最磨炼人的过程。

最得意的时刻，应是最注意收敛的时候。

最倒霉的时候，应是最坚定意志的时刻。

最困难的时刻，应是最树立信心的时刻。

最大的关怀不是金钱，而是人生之路的指引和教诲。

最坏的打算不是破罐子破摔，而是如何从头再来。

最可恶的人不是忘还钱的人，而是明明记得欠钱又偏偏不还的人。

最难断的是感情，最难求的是爱情；最难得的是友情，最难分的是亲情。

能生存下来的物种不是最强壮的，也不是最聪明的，但却是最能适应环境变化的。

世界上最痛苦的孤独不是没有知己，而是遗失了自己。

人最容易得到的是心灵的自由，最容易失去的也是心灵的自由。

人生最开心的时刻是节日亲人欢聚，最幸福的回忆是久别重逢时。

最令人遗憾的是想做的事因拖延而无法办成。

人生最大的快乐恰恰是追求快乐的过程。

人生最宝贵的不是你拥有的物质，而是陪伴你身边的人。

最可怕的不是距离，而是距离背后的猜忌。

现实生活中最完美的人，是对他人有用的人。

成功的人最大的特点是乐观，你的乐观水平是判断你未来有多幸福、健康和长寿的最好依据。

人最富有的并不是拥有一座金山，而是拥有金山买不到的东西。

赠与别人的最好礼物就是做出好榜样。

送给父母最好的礼物是让他们为你感到自豪。

最快的脚步不是跨越，而是继续；最慢的步伐不是小步，而是徘徊。

最大的危险不是目标太高，无法达到，而是太低，轻而易举达到。

意志是最强有力的杠杆。

你是自己最尖刻的批评家，也可以是自己最大的支持者。

最残酷的谎话常以沉默的方式说出。

尝试就有失败的危险。但我们必须冒险，如果都不去冒险，我们的生活就处在最大的危险当中了。

因为只能做一点就什么都不做，这是最大的错误。

人生最大的需要就是被需要。努力使自己成为别人需要的人，你才会找到自己的价值。

情侣间最矛盾的地方都是幻想彼此的未来，却惦记着对方的过去。

人生最幸福的是相信有人爱着我们。

最佳的报复不是仇恨，而是发自心底的冷淡。

最幸福的人们并不一定什么都是最好的，只是因为她们懂得欣赏人生的美好。

把欲望降到最低点，把理性升华到最高点。

人生最美好的是追求的过程。

最好的朋友是自己，最坏的朋友也是自己。

人生最大的秘密财富就是健康快乐。

最难的不是鼓起勇气，而是经过挫折后，再一次勇敢。

最难叫醒的是装睡的人。

人最大的武器是豁出去的决心。

最值得征服的不是高山，也不是对手，而是我们自己。

这个世界最不开心的人，是那些最在意别人看法的人。

人生最大的错误是用健康换取身外之物。

最终得到幸福的，总是那些用最简单的方式思考人生的人。

人生最大的悲哀，是对未来不抱希望；人生最坏的习惯，是对生活没有计划。

贪心，就是最难被填满的一种欲望。

最残酷的谎言常以沉默的方式说出。

这个世界上最远的距离就是知道和做到的距离。

最痛苦的莫过于徘徊在放与不放之间。真正下决心放弃了，反而会有一种释然的感觉。

人生最大的错误是不断担心会犯错。

人生最可爱的，是为人真诚。

留给后人最高贵的不是财富，而是美好的品德、进取精神和有益的经验。

最聪明的人是最老实的人，唯有他们经得起事实和历史的考验。

我们最大的情敌不是第三者，而是岁月。

如果不能成为那个他最爱的人，那就当一个在背后默默支持他最熟悉的陌生人。

一个人最大的悲哀，就是不愿意做他自己。

人最理智的时候，往往是他别无选择的时候。

最好的老师是时间；最好的课本是世界；最好的牧师是他自己的良心。

砍倒一颗大树，只有一把小斧子就可以了。

逝去的日子无法重来，但我们可以从中总结；未来的日子还未兑现，但我们应早做计划。

生活中的主要危险来自那些想要改变一切或者什么也不想改变的人。

经验是一盏挂在我们身后的小灯，照亮我们已经走过的路。

世界千差万别，人也大不一样。

世界是本书，不行走的人只读了其中的一页。

经验告诉我们，紧随欲望之后，不是幸福而是悔恨。

生活是公平的，如果你选择白天做梦，那么你整天都会睡在现实中。

诗是生活的印记，当你的生命彻底燃烧的时候，诗就是灰烬。

诗人没有发明任何东西，他们只是仔细聆听。

诗人最糟的命运是被人崇拜，却不被理解。

你与别人分享的行动、语音和知识，会在你离开这个世界的时候成为你留下的礼物。

不是所有的问题都必须找到答案。对于那些最重要的问题而言，提出来就已经意义重大。

要了解一个人，与其看他给出的答案，不如看他提出的问题。

能够用是或否来回答的问题一般都没有什么意思。

简单的问题常常需要复杂的解释。

知道如何提问比了解答案更为重要。

人们或许能够原谅背叛，却永远无法忘记。

我们不停地探索，最后将回到曾经的出发地，但肯定会有重大发现。

做到一切力所能及的事，这是人；做到一切想做的事，这是神。

在没有绝对的把握的大问题上，中道选择是可取的，是经得住考验的。

尽管这个世界上光源很多，但指明灯却只有一个。

记住该记住的，忘记该忘记的，改变能改变的，接受不能接受的。

智慧的代价是矛盾，这是人生对人生观开的玩笑。

世界上脸的数量比人的数量多，因为一个人往往有好几张脸。

这世界并不会在意你的自尊，而是你在自我感觉良好之前先要有所成就。

追求得到之日即终止之时，寻觅的过程亦即失去的过程。

生活就像荡秋千，总在起起落落——在高处时，你能欣赏美景；落下来时，你会感到踏实。

动力往往来源于两种原因：希望或绝望。

若不给自己设限，则人生就没有限制你发挥的藩篱。

纵使黑夜吞噬了一切，但太阳还可以重新回来。

人心不是铜板，如果只看到正面和反面，那就把世界看扁了。

握手不一定是友谊，指责不一定是敌对。

认识自己无知，是认识世界最可靠的方法。

不要感到是生活亏欠了你，其实是机会到了你还努力不够。

什么都不懂，有时候虽然可爱，但有时候也很可怜。

山不解释自己的高度，并不影响它耸立云端；海不解释自己的深度，并不影响它容纳百川。低调是一种智慧。

要想了解世界，就算用一生的时间也不够，关键是你要用心去慢慢体会。

不怕学不成，就怕心不诚；不怕学问浅，就怕志气短。

只有掌握了时间和生命的主动权，你才能不枉此生。

人即使不伟大，也可以享有自由；但一个人如果不享有自由，绝不可能变得伟大。

许多的成败与得失，并不是我们都能预料到的，很多的事情也并不是我们都能够承担得起的，但只要我们努力去做，求得一份付出后的坦然，其实得到的也是一种快乐。

鼓点变了，舞步一定也要跟着变。

使我们不快乐的，都是一些芝麻小事；我们可以躲闪过一头大象，却躲不开一只苍蝇。

实际上，简简单单就是生活的一切。

身份越尊贵，地位越高的人，脸上戴着的面具往往越令人看不透。

这个世界上最有趣的事情真的很多，想感受新的东西，与人交谈是最好的方式。

"人"的结构就是相互支撑，"众"人的事业需要每个人的参与。

一些人之所以无所作为还常抱怨，就因不能正视并无法超越自己。

世界上没有什么东西都是本来存在的，一切都是创造出来的。

如果你认为简单，这个世界就对你简单。

没丢过东西的人，永远不了解失去的感觉。

永远不会走错路的人，都是那种原地踏步的人。

遥不可及的并非是十年之后，而是今天之前。

总是寻求别人认可的东西，那么你会永远痛失自己的快乐和幸福。

心灵所受的伤，便是人为自立性而不得不支付给世界的代价。

贪恋之心比冲锋陷阵更危险，更恐怖。

该失去的留也留不住，有所失未必都是坏事。

真实而又适度的期望，往往引领人们脚踏实地，胸有成竹地朝前走。

每一件事都要用多方面的角度来看它。

当你年老回首往昔，问心无愧就是你一生最大的成功。

想拼命得到的东西，往往不是我们真正需要的。

人一无所有来到这个世界，因此即使失败也没有失去什么。

不要奢望任何人给你经济上的帮助，钱对于任何人都是不够用的。

时间就像是金钱，直到你一无所有的时候才知道它的价值。

立足于世，不能实现你的梦想，那就增强你的能力。

从来没有不劳而获的，只有凭劳动获得才心安理得和问心无愧。

生命是一种回声，你奉献最好的，就会收获最好的。

等一等就安全了，让一让就过去了，忍一忍就和谐了。

友谊不用碰杯，友谊无需礼物，友谊只不过是我们不会忘记。

勤奋学习与时俱进，就能融入社会不断成长。

要善于使用概念而不是被概念所使用，所主宰。

鼓励自己的最好方法是欣赏自己，欺骗自己的最好方法也是欣赏自己。

不是故事的结局不够好，而是我们对故事的要求过多。

悲喜在于自己如何解读，对错取决于观点和角度。

看人是好人，看事是好事，看境是好境，一切都是自己的心。

每个人都应该清楚，一生所有的历史记载，都是自己写进去的。

说长说短，宁说人长莫说短；施恩施怨，宁施人恩莫施怨。

如果没有脚踏实地，天赋是最误人的东西。

旋转木马是最残忍的游戏，彼此追逐却有永恒的距离！

如果这世界上真有奇迹，那只是努力的另一个名字。

有时候，你可能觉得生活中所有的门都关上了，但关上了并不代表锁上。

如果你的心是乱的，你看这个世界也都是乱的。

温室里培养出来的东西，不会有强大的生命力。

人生的真理，只是藏在平淡无味之中。

心中仅装满着自己的看法与想法的人，永远听不见别人的声音。

多用心去倾听别人怎么说，不要急着表达你自己的看法。

每一个人都拥有生命，但并非每个人都懂得生命，乃至于珍惜生命。不了解生命的人，生命对他来说，是一种惩罚。

自以为拥有财富的人，其实是被财富所拥有。

用伤害别人的手段来掩饰自己缺点的人，是可耻的。

唯有面对现实，你才能超越现实。

与其你去排斥已成的事实，你不如去接受它，这个叫做认命。

逆境是成长必经的过程，能勇于接受逆境的人，生命就会日渐茁壮。

你要感谢指出你缺点的人。

如果你能像看别人缺点一样准确地发现自己的缺点，那么你的生命将会不平凡。

你目前所拥有的都将随着你死亡而成为他人的，那为何不现在就布施给真正需要的人呢？

别以为任性或吵闹，可以隐藏或克服你的缺点。

如果你不给自己烦恼，别人也永远不可能给你烦恼。烦恼，只因为你自己的内心放不下。

常常使别人过快乐日子的人，自己也必定很快乐。

不因小小的争执，远离你至亲的好友；不因小小的怨恨，忘记别人的大恩。

说话不要有攻击性，不要有杀伤力，不夸己能，不扬人恶，自然能化敌为友。

一个常常看别人缺点的人，自己本身就不够好，因为他没有时间检讨他自己。

你希望掌握永恒，那你必须控制现在。

只有不设想报酬，以愉悦的态度全力以赴，才能获得生命中最丰富、最伟大的回报。

我们无须逃避现代生活中的功利，但必须懂得开启自己的心性。我们也无须远离尘嚣，刻意追求宁静，但必须懂得调整自己，陶冶性情。

诚恳可以感动人，谦虚可以说服人。

开路先锋引人注目，但是他们往往是最孤独和寂寞的。

平凡之人追求不平凡，智者则甘于平凡，却享受平凡。

面对现实，逆境也会变为顺境，总有机会转机。逃避现实，虽暂时偷安，但没有翻身余地。

甩掉你的假面具，你就能享受到自然的喜悦。

做真实的自己，比作任何人的复制品都要有价值。

闲时要有吃紧的心思，忙时要有悠闲的趣味。

任何事情都是不做就不会知道，不经历就没有体验。

当我们搬开别人脚下绊脚石时，也许恰恰是为自己铺路。

两双干活的手比一千只比划的胳膊更有用。

悲观者埋怨上帝让玫瑰花带刺，乐观者感谢上帝在刺上开出了玫瑰花。

执着不是用来对待过去，而是要用来对待当下。

抱怨是没有用的，那样只会使事情变得更糟。

规则的公平较之竞争更可贵，也更重要。

宁可在坎坷的路上奔跑，也不要安逸地在原地踏步。

学会放松，你没有那么多观众，别那么累。

等待别人来疼惜你，是条漫漫小径；疼惜自己，确是康庄大道。

让别人接受自己，不如让自己接受别人对自己的不接受。

有时候知道游戏什么时候结束，比知道谁赢更重要。

不要浪费你的生命在你一定会后悔的地方上。

不要根据你看到的去评价一个人，因为你看到的，有可能是对方想让你看到的。

忧虑并不能阻止不好的事情发生，他只能阻止你享受生活中的美好。

旅行最大的好处，不是能遇见多少人，遇见多美的风景，而是走着走着，在一个机遇下，突然重新认识了自己。

挫折经历的太少，所以才把一些琐碎的小事看得很重要。

比我们容颜衰老更快的，是我们曾经不顾一切的热情。

物质上不足是容易弥补的，而灵魂的贫穷则无法补救。

你无法用言辞让你的对手闭嘴，但你能用行动让他们无话可说。

少说多做，句句都会得到别人的重视；多说少做，句句都得到别人的忽视。

有自卑感的人特别容易看出别人的短处。

承认自己的伟大，就是认同自己的愚痴。

勇于接受别人的批评，正好可以调整自己的缺点。

人之所以平凡，在于无法超越自己。

反对者对我们的评价比我们对自己的评价更接近真实。

在你往上爬的时候，一定要保持梯子的整洁，否则你下去时可能滑倒。

寒冷到了极致时，太阳就要光临。

后　记

　　关于本书的形成，最早是我在 20 世纪 60 年代末到 70 年代读中学和服兵役的 8 年多时间里，出于年轻人对文化知识的强烈渴望，经常在阅读各类书籍中注意收集名言警句，并随时抄录在日记或笔记本里。到 1977 年退役时，累计有 200 多条。参加工作后的 30 多年里，我持续不断地收集并摘录了 14 600 多条名言警句。此次，根据"悟语箴言"的意义与内涵，经反复筛选、分类归纳和认真整理，最终留下了书中收录的精华。

　　对书中收录的悟语箴言，凡能查到出处的，我全部按原文原意收录，并加以标注。特别对众多远古先贤所处朝代、国外作者的国籍，更是逐一核实。对于个别无法查明出处、作者，且存在瑕疵的条目，做了必要的修改。

　　本书收集摘选的均是古今中外悟语箴言的精华，但毕竟我学习涉猎的范围有限，难免有很多佳句遗漏，实为大憾。

　　本书的编辑出版，特别得到了世界图书出版公司长春有限公司的热情关注、充分肯定和大力支持，在此我要表达发自内心的感谢！

　　在这里，我还要特别表达对夫人王艺梅深深的感谢之意！在集中整理选编本书的两年多时间里，因原始稿的审核、编排和校对工作量很大，出于对我病后初愈身体的关心，她经常自己拖着病体，主动承担部分文稿的核对和校对工作。期间她曾突发腰间盘突出、过敏性鼻炎、重感冒高烧，还两次住院并做颈部手术，但只要身体允许，她就一直坚持帮助我认真校对，细审严核，先后审核出数百处雷同、重复、错字和错标点等。这不仅为我减轻了很大的精神压力和体力付出，更重要的是有利于本书质量的提高。

最后，由于本人学识水平有限，在收集编辑过程中，可能造成一些条目与书中所分各编命题不符或有偏差，亦有可能产生个别内涵相似语句的重复，还可能存在对中外作者个别悟语箴言的误解、误读或误编等问题。在此，恳请收录的悟语箴言的原作者，各位专家、学者和读者朋友谅解，多加指正，并致以我最真挚的感谢和由衷的敬意。

编者